龙头股

拉升战法精讲

马　超◎著

中国宇航出版社
·北京·

图书在版编目（CIP）数据

龙头股拉升战法精讲 / 马超著. -- 北京 : 中国宇航出版社, 2023.11（2024.3 重印）
ISBN 978-7-5159-2292-8

Ⅰ. ①龙… Ⅱ. ①马… Ⅲ. ①股票交易－基本知识 Ⅳ. ①F830.91

中国国家版本馆CIP数据核字(2023)第184757号

策划编辑	田芳卿	**封面设计**	王晓武
责任编辑	谭　颖	**责任校对**	吴媛媛

出　版 发　行	中国宇航出版社		
社　址	北京市阜成路 8 号 （010）68768548	**邮　编**	100830
网　址	www.caphbook.com		
经　销	新华书店		
发行部	（010）68767386 （010）68767382		（010）68371900 （010）88100613（传真）
零售店	读者服务部 （010）68371105		
承　印	三河市君旺印务有限公司		
版　次	2023 年 11 月第 1 版		2024 年 3 月第 3 次印刷
规　格	710×1000	**开　本**	1/16
印　张	11	**字　数**	139 千字
书　号	ISBN 978-7-5159-2292-8		
定　价	39.00 元		

本书如有印装质量问题，可与发行部联系调换

PREFACE 前言

证券市场是考量一个人智慧和心性的平台，入股海方知投资世界浩瀚广博，个人能力时常显得捉襟见肘。要想跻身成功者的行列，要具备良好的谋略与心性，并且经过较长时期的修行悟道，方能实现，这是笔者深切的体会。

笔者深深地喜爱交易，在选择进入这一行的时候，曾问过自己三个问题：第一，现在做的这个事能不能学到东西？第二，从事该行业十年、二十年之后，会不会因为自己老了而被社会淘汰？第三，行业内有多少人算做得好的，好到什么程度，年入百万元了吗？这几个条件如果都符合，那么加油干吧，未来可期！

投资就是用现有的资金去布局，获取更多收益，投资的本质就是为了增值。在股市中，成功的投资是找到可以获得高额增值的好股，即我们常说的龙头股，之后耐心持有，直到时机合适，获利出局。对大多数人来说，要想获得稳定的投资回报，需要脚踏实地学习一些证券知识，学会如何识别龙头股，捕捉龙头股，并在实战中不断摸爬滚打。只有饱经历练，总结和建立适合自己的投资交易体系，养成良好的执行纪律习惯，才能在竞争激烈的股市中获得稳定收益。

本书共分5章内容，详细介绍了股市常用战法、解密涨停板、股价拉升后的操作技法、捕捉龙头股及龙头股盘中操作重点，并通过大量案例图表来阐述龙头股拉升战法的技巧、买卖点等。本书介绍的战法简单实用，即使是没有股票操作经验的投资者，经过学习也可以轻松地掌握本书介绍的战法技术要点。

全书围绕“以龙头股为对象，提炼归纳龙头股技术形态”这一主题展开论述，详细讲解了投资的方法和思路，提出了中期投资术的理念，希望通过本人的探索实践，帮助广大读者在股市投资领域获得知行合一、投资增值的能力。

拥有财富意味着在一定程度上具有抗风险的能力，金钱可以让人有更多选择，交易的目的就是为了赚钱。在股市中，如果只是一个交易新人，要先看一下有没有交易基础，有没有资源，用于试错的资金有多少，如果缺乏交易思维和交易经验，胆量和魄力更是无从谈起。面对前路，要付出更多的辛苦和汗水，但结果未必能够获得成功。不过有一点不要忘记，付出的每一分辛苦和汗水，都是在积累一分资源，积累一分经验和智慧，同时积累一分成功的资格。

笔者相信，只要付出努力，很多人都可以从股市小白最终成长为具有一定资金规模的优秀投资者。

编者

2023年8月

CONTENTS 目录

上篇　龙头股的图表技术形态

上篇

龙头股的图表技术形态

第一章

股市常用战法

第一节　老鸭头战法

一、基本形态及原理

想要运用一个战法在股票市场中获利，必须对该战法学精学透，对战法涉及的技术形态了如指掌，必须知道这个技术形态什么时候能用，什么时候不能用，要能区分哪些技术形态是真的，哪些技术形态是假的。很多投资者学了不少技术分析知识，但还是无法在股票市场上获利，原因就是其中有一些技术形态是假的，这些技术形态最终构筑失败，但投资者没有正确地将它们区分开来，导致交易失利。只要把假的形态分辨出来，去伪存真，留下的那些形态就能让投资者在股票市场中真正地赚钱，并在市场里纵横驰骋，无往而不胜。

很多图书也会讲解一些股市战法，但是在讲解的时候，只介绍了一个轮廓，并没有对真假技术形态详细进行分辨。本书不但让投资者认识真的技术形态，还会教投资者如何辨别假的技术形态，这一点有别于其他图书。

老鸭头战法，相信投资者在其他地方也看到过该战法的讲解。既然了解过老鸭头战法，为什么还有那么多投资者在股票市场上亏钱呢？原因很简单，因为没有真正学精学透。

图 1-1 是老鸭头战法基本形态示意图，图中折线是股价在市场中的模拟走势，下方三条细线分别代表三条均线，三条均线的周期是 5 日、10 日、60 日。从图中可以看到，股价前期有一段上涨走势，接下来是一段调整走势，

然后是新的一段波段上涨走势。在实战操作中，重点是第三段，即新的一段波段上涨走势，投资者可以从这个波段上涨中获得利润。

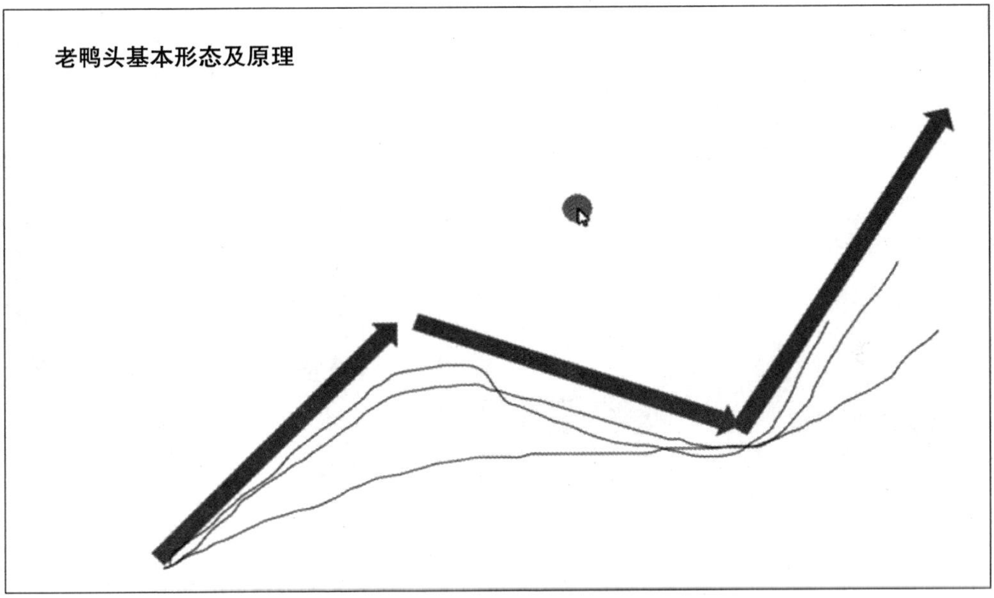

图 1-1　老鸭头战法基本形态示意图

如图 1-2 所示，行情软件默认的均线系统一般是 5 条均线，除了 5 日、10 日、60 日均线之外，还有 20 日和 30 日均线。20 日和 30 日均线在别的形态战法中可能会用到，但在老鸭头战法中用不到，因此在设置均线系统时，要删除这两条均线，这样能快速地辨别老鸭头战法形态。

为什么取名叫老鸭头呢？这是一个形象的说法。如图 1-3 所示，图中均线系统排列的形状，是不是像一个鸭脑袋？第一段上涨是鸭脖子，股价开始回落处画了一个圆圈，是鸭眼睛，第三段启动上涨的位置就像鸭嘴巴。整个图形合在一起看就像是鸭脑袋，因此这个形态叫作老鸭头战法形态。这是老鸭头战法的基本形态，下面来看一个案例。

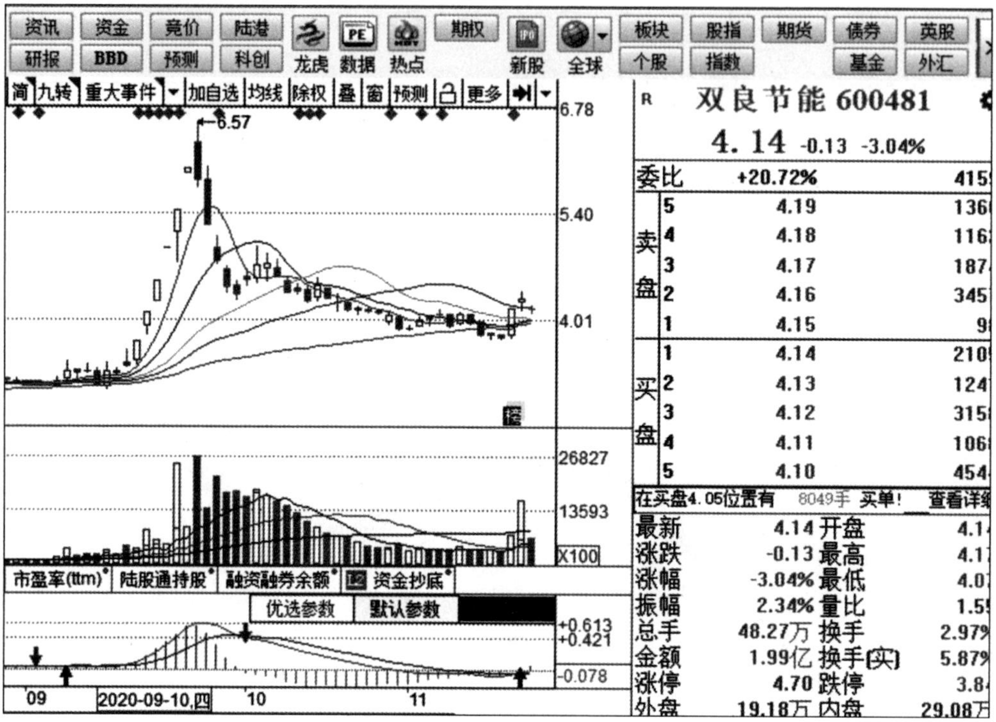

图 1-2 行情软件默认的均线系统

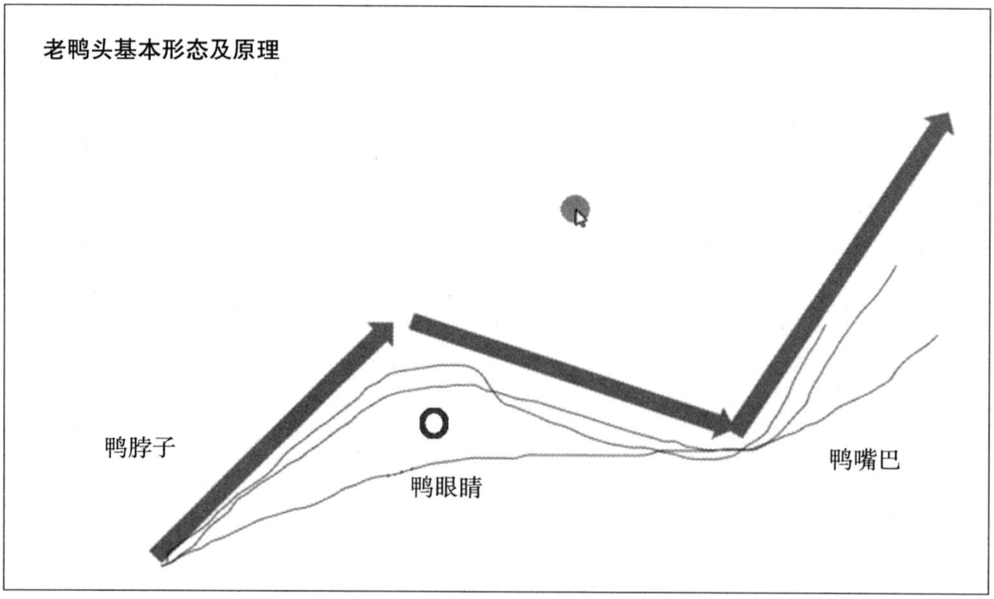

图 1-3 老鸭头战法基本形态

图 1-4 是金石亚药（300434）2022 年 11 月至 12 月的 K 线走势图。该股是 2022 年下半年医药健康、流感概念板块中走势非常好的一只个股，图中走出了一个老鸭头形态。其中变化最快紧随 K 线波动的是 5 日均线，中间一条是 10 日均线，变化最慢走势最稳定的是 60 日均线。

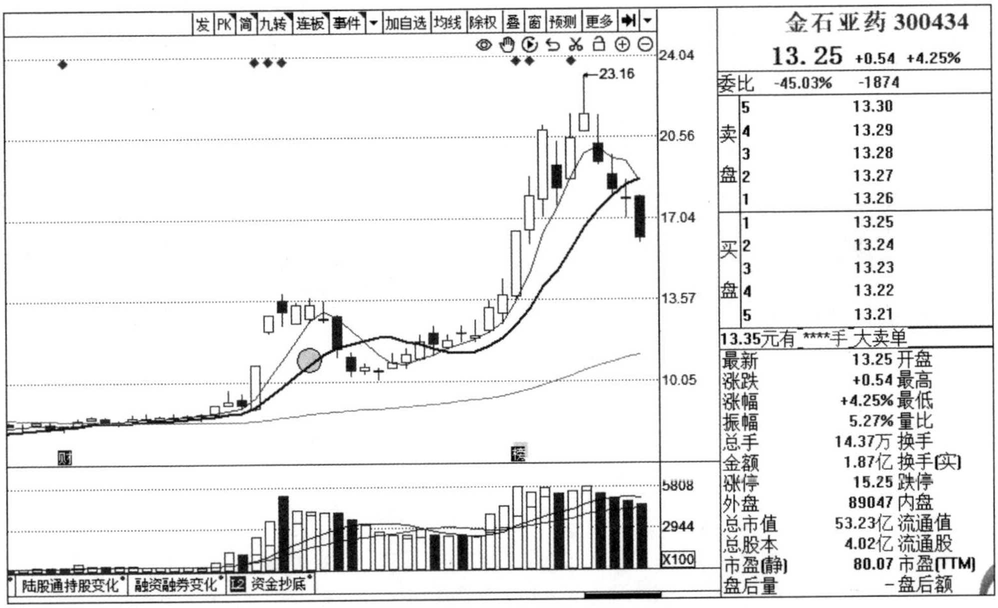

图 1-4　金石亚药（300434）K 线走势图

如图 1-5 所示，行情启动初期形成鸭脖子，行情启动主升浪形成鸭嘴巴。如果在中间股价回落段画上鸭眼睛，看看这个图形像不像一个老鸭头？这就是一个相对标准的老鸭头战法形态。

辨别出老鸭头战法形态后，该怎么去操作呢？

形态分析的目的是指导实战。老鸭头战法中，真正的入场点是鸭嘴处，如图 1-6 中箭头指示的方框处。前期一段上涨走势形成了鸭脖子，然后在相对高点位置开启了一段调整走势，之后在鸭嘴处形成新一段上涨走势。根据老鸭头战法，投资者可以在鸭嘴位置买入股票，之后持股待涨。买入要点是

5 日、10 日均线形成金叉，60 日均线向上运行，三条均线形成多头排列。

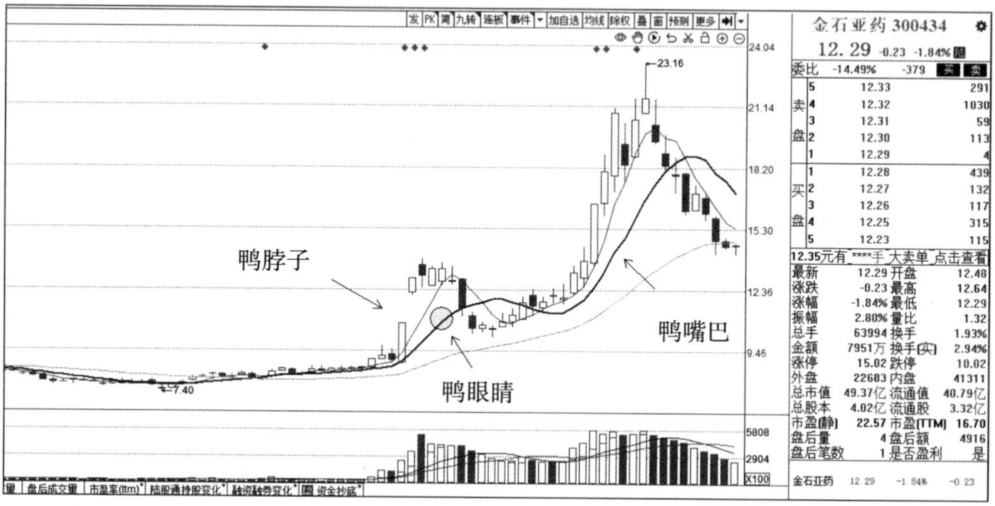

图 1-5　金石亚药（300434）老鸭头形态分析

这是老鸭头战法的第一种操作方式。

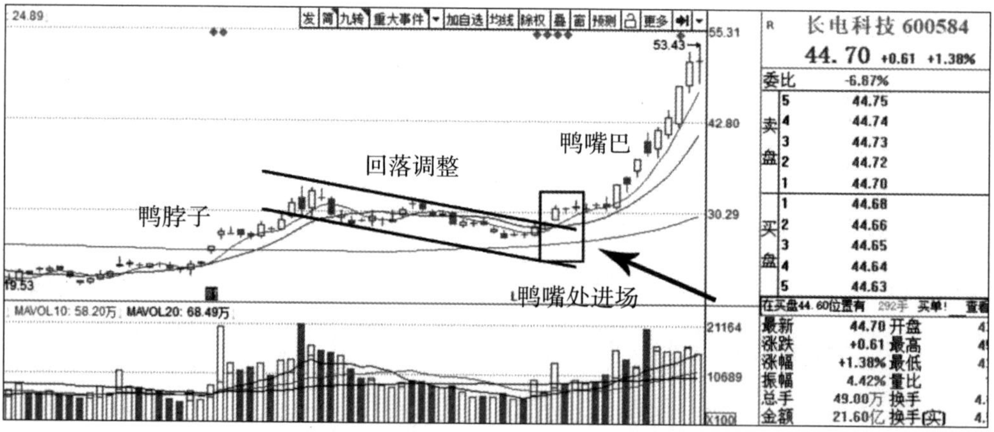

图 1-6　长电科技（600584）K 线走势图

第二种操作方式是，当市场启动第二段波段上涨走势，股价突破老鸭头形态中的第一个高点，也就是老鸭头头顶的时候，可以大胆进场。

如图 1-7 所示，市场在前期初步形成老鸭头形态的时候，老鸭头高点位置会对股价上涨形成压力。股价回调结束向上攀升时，大多会在该位置盘整几根K线，形成一个小的盘整平台。经过充分整理之后，市场拉出一根大阳线，向上突破老鸭头形态相对高点。实战中，投资者可以在这个突破位置追涨买入股票。

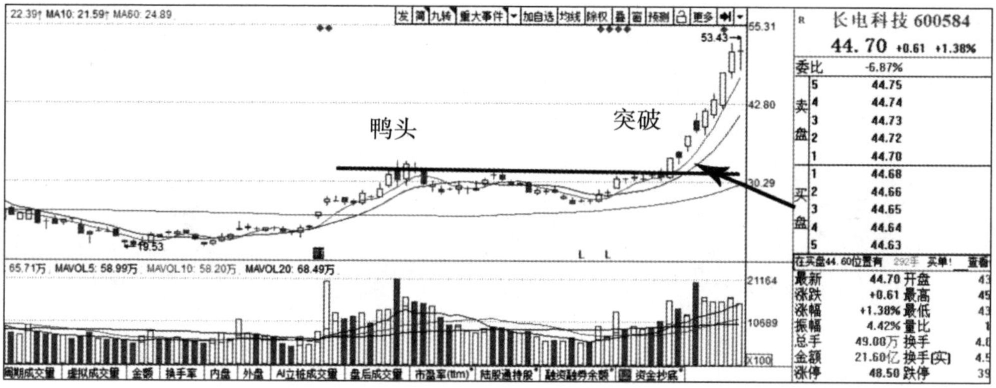

图 1-7 长电科技（600584）K 线走势图

有时候，股价突破前压力位后，会有一个小幅度的回调动作，一根K线回踩前高压力位。压力位突破之后就变成了支撑位，股价回踩确认支撑有效后，可以介入或者加仓买入。

以上是老鸭头形态的操作方法。下面再回过头来看一下老鸭头形态的操作原理。为什么股价走势形成老鸭头形态后会上涨？为什么投资者介入能盈利呢？老鸭头战法的获利原理是什么？

如图 1-8 所示，在股价上涨的第一阶段，市场积蓄了做多能量，这也是一只股票上涨趋势的开始。之后股价开始向下调整，形成老鸭头的头部。除非个股是市场中的一线龙头股，在拉涨停时会直接涨上去，其他大部分庄股在上涨过程中都会经历调整。一般来说，在一波大行情中，股价不可能每天都一条直线涨上去，大多都会经历调整，有的时候调整的时间还非常长，调整幅度非常大。有些个股调整的时间会持续一两个月，调整完涨势再起，这样的事情经常发生。

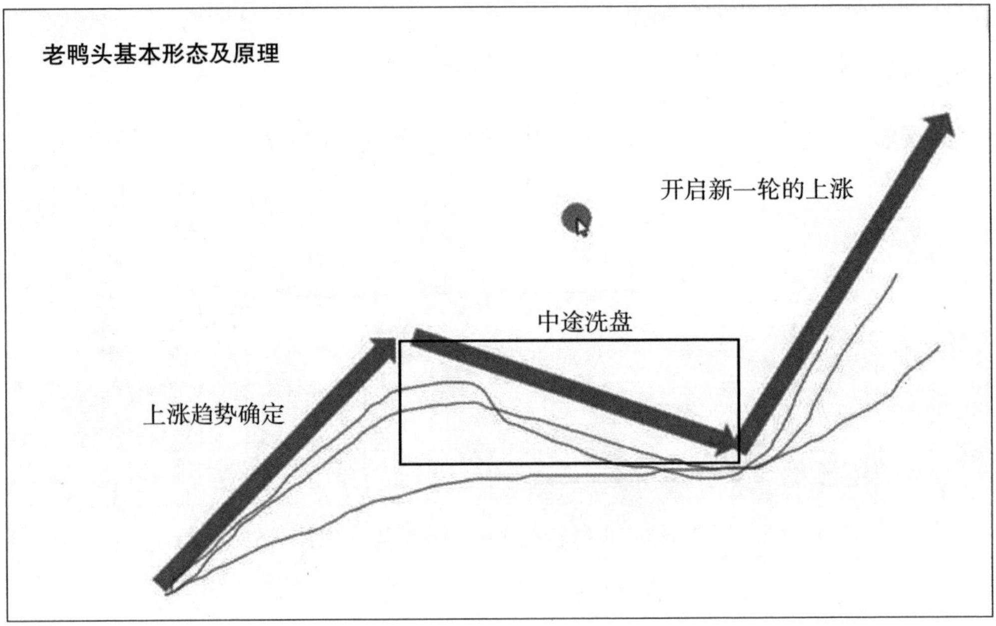

图 1-8　老鸭头战法获利原理

老鸭头战法的独到之处，是帮投资者分析上涨趋势中的回调是一个调整还是趋势反转。如果是调整而非反转，在大的上升趋势不变的前提下，只要分辨出市场调整结束，就可以果断进场，吃到新一波上涨波段带来的利润。这是老鸭头战法的原理之一。

原理之二，在上涨行情中，任何股票都会经历洗盘。在市场中有过一段交易经验的投资者，都知道市场在拉升前，主力都是要洗出场内浮筹的。洗盘就是让股价出现振荡或者调整，清洗掉场内的那些浮动筹码，减轻后期股价上涨的压力。有些短线投资者，持股意志并不坚定，股价稍微一上涨或是稍微一调整，他们就会把手中股票卖掉。把这些人清洗出去之后，对股票后期的拉升和上涨是非常有利的。从这里可以看出，老鸭头战法的原理之二就是主力中途洗盘。

图 1-9 是吉大正元（003029）K 线走势图。在老鸭头形态中，第一步是要形成鸭脖子。走出这个形态有一个前提条件，那就是均线形成金叉或者多头排列形态。金叉就是 5 日、10 日均线先后上穿 60 日均线，多头排列就是三条均线从上到下依次按 5 日、10 日、60 日均线的顺序排列。一般在形成鸭脖子的过程中，还会伴随着放量，下方的量能指标能够指示成交量的大小。

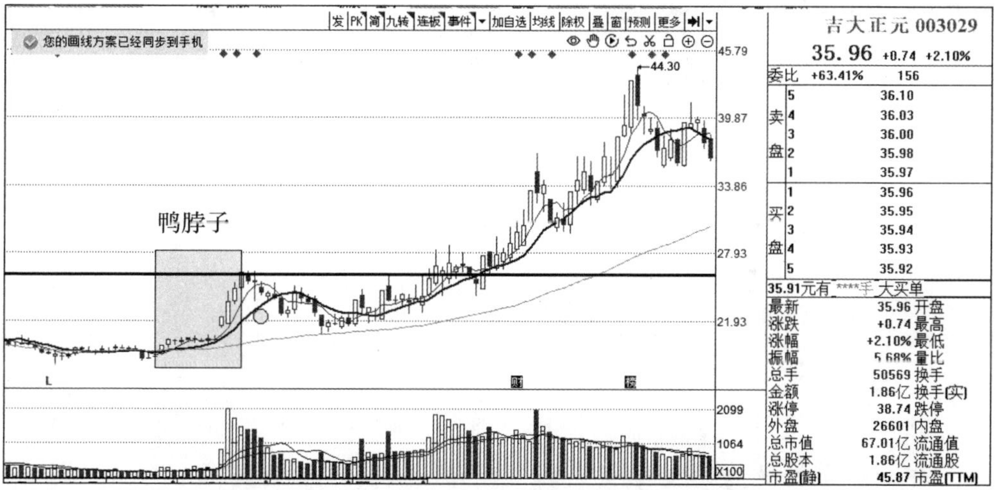

图 1-9　吉大正元（003029）K 线走势图

图 1-9 中 K 线图最下面的一条均线是 60 日均线，当股价在 60 日均线下方或与 60 日均线黏合时，成交量一直是缩量的。在形成鸭脖子形态时，成交量开始放量，如图中方框标示的位置。当股价冲到一个阶段性高点之后，市场开始出现调整。这只个股没有出现深幅调整，而是在前期高点下方一直进行横向盘整，调整持续的时间为一个半月。

在股价调整过程中，低点不断抬高，高点也在不断抬高，股价以小阴小阳线的形式向上做小幅度攀升，调整总共持续了 40 多根 K 线。为何在一个半月的时间里，股价一直都没有出现像样的拉升呢？目的就是为了清洗掉持股意志不坚定的短线筹码和解套筹码。40 根 K 线就是 40 个工作日，加上周末时间就是两个月。持续两个月的调整，让短线投资者都失去了持股的耐心。

老鸭头形态中的回调，是上涨趋势里面的一个正常调整。在上涨趋势中，股价经常会出现调整，大调整、小调整都有。投资者千万不要以为股价会一连串大阳线向上涨，这基本上是不可能出现的。

三友化工（600409）的 K 线走势和吉大正元（003029）的 K 线走势非常相似，如图 1-10 所示。

图 1-10　三友化工（600409）K 线走势图

下面再来看老鸭头形态中段调整走势的量能表现，一般来说，中段部分的调整都是伴随成交量缩量的。真正的老鸭头形态，中段调整基本上都会伴随成交量放入缩量。没有缩量，就不要相信这是真正的老鸭头形态。

老鸭头形态的技术要点有如下几点。

（1）在鸭脖子这一段成交量放量。

（2）从鸭头头顶位置开始回落时，都伴随着调整缩量。

（3）老鸭头头部位置的股价与 60 日均线的关系。强势的老鸭头形态，股价回调时一般不会跌到 60 日均线位置，而是与 60 日均线保持一定的距离。弱势的老鸭头形态，股价回调可能会跌破 60 日均线，但三到五根 K 线之后，股价必须收在 60 日均线之上。也就是说，即使股价短暂下破 60 日均线，也不能脱离 60 日均线太远，时间上也不能持续太久，太远太久就不是老鸭头形态，那是另外一种情况了，实战中要切记这一点。

（4）在老鸭头的鸭嘴处，均线要形成新的金叉。这个金叉是 5 日、10 日均线形成的金叉。如果前期股价回调小幅跌穿了 60 日均线，也要与 60 日均线形成新的金叉。

（5）股价突破鸭头头顶阻力位，一般都要放量。如图 1–11 所示，三友化工（600409）每次突破鸭头高点时，对应的量能都会明显放量。

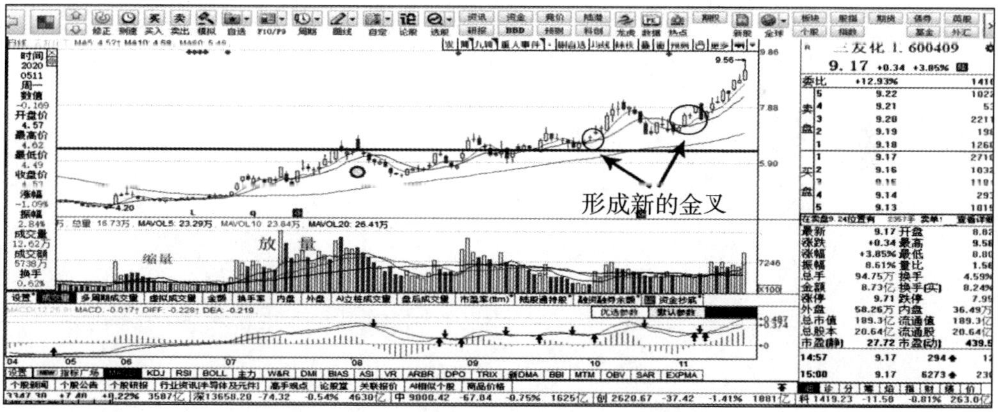

图 1–11　三友化工（600409）K 线走势图

突破鸭头高点位置后，股价大多会回踩高点压力位，但也有少量个股突破后并不回踩。投资者可以在回踩确认股价受到支撑时买入，或者在股价突破老鸭头形态前期高点的当天买入，买入之后基本上都能够吃到一段波段上涨带来的利润。

投资者也可以在均线形成新的金叉时介入，这个时机买入要比突破鸭头前期高点时入场利润大一些，但同时风险也会略高一些。不过，此位置同样是老鸭头战法的一个买入点。

总结一下，老鸭头战法的买点如下。

（1）60 日均线附近均线金叉可以买进。

（2）股价向上突破鸭头前期高点位置时可以买进或突破前高后回踩受到支撑时可以买进。

下面再多举几个例子，判断一下是真老鸭头形态还是假老鸭头形态。

图 1-12 是有友食品（603697）的 K 线走势图。时间定位在 2023 年 3 月 1 日，当时该股看起来正在形成老鸭头形态。首先，该股在鸭脖部分温和放量，与鸭脖之前区域相比，鸭脖部分的成交量明显放大。接下来形成鸭头，股价向下调整时，量能出现萎缩，成交量跌至均量线以下。在股价回调过程中，K 线小幅跌穿 60 日均线，但很快拉出一个涨停板，股价重新回到 60 日均线之上，这符合老鸭头技术形态第三条的要求。

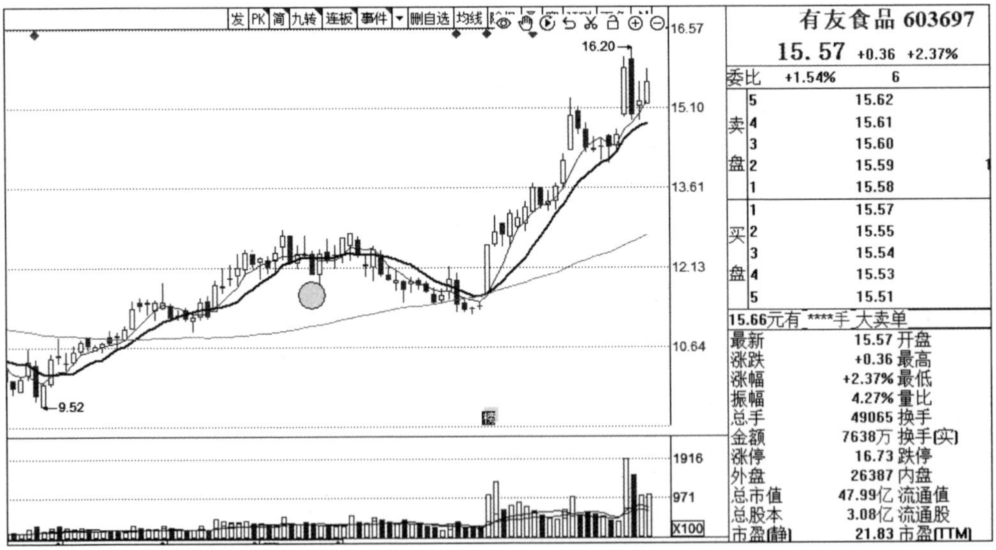

图 1-12 有友食品（603697）K 线走势图

再看一下突破鸭头高点时成交量有没有放量。在突破前期高点也就是老鸭头头顶位置时，突破阳线对应的成交量放出了倍量，比前期的成交量明显大很多，属于大幅放量走势，同时均线形成金叉。以上几条都符合老鸭头形态的要求，说明这是一个真正的老鸭头形态，在这个点位可以大胆进场。

该股和大多数个股一样，老鸭头形态突破之后有一个回踩动作，回踩确认支撑有效后，接着开始连续拉升，股价从 12 元一直拉到 15.50 元左右。

那么进场以后，在哪里出场呢？投资者可以关注高位有没有出现异同移动平均线（Moving Average Convergence and Divergence，MACD）指标死叉或是均线死叉，这些都是提示出场的信号，也就是说止盈出场的分析操作是比较简单的。

市场走势中，老鸭头形态是一种比较常见的技术形态。真正的老鸭头形态具备操作价值，但假的老鸭头形态必须剔除出去，其前提是能够对假的老鸭头形态做出准确、清晰的判断。

剖析假的老鸭头形态有以下两个方法。

（1）该形态出现的位置过高。

（2）下跌趋势中的反弹走出类似老鸭头形态。

下面就是一个失败的老鸭头形态案例。

图 1-13 是光明乳业（600597）的 K 线走势图。如果投资者在图中看到类似鸭脖子、鸭眼睛的形态就认为是老鸭头形态，在股价回调到 60 日均线受到支撑时买进去的话，实战中就要吃亏了，因为这是一个假的老鸭头形态。为什么说这是假的老鸭头形态呢？因为该老鸭头形态出现的位置过高。虽然目前股价绝对值算不上很高，高点也不过 20 多元，但这已是经过了多波上涨后的股价。

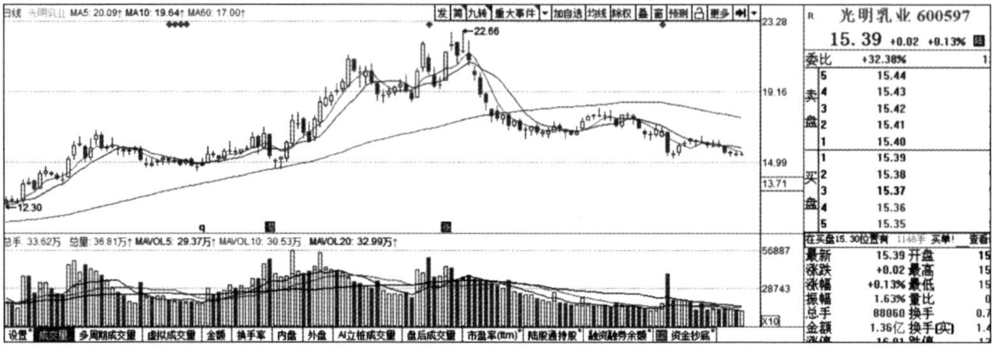

图 1-13　光明乳业（600597）K 线走势图 1

从图 1-14 中可以看到，该股这段大幅上涨行情从低点 9.80 元，涨到最高点 22.66 元，股价已经翻了一倍多。这种涨幅在牛市中不算什么，但在大盘横向振荡环境中，所属题材和板块没有得到热炒，市场环境并不支持该股再创新高。从这里可以看出，在横向盘整的大环境中，涨幅已经翻倍的股票不再适用老鸭头战法。还有一点，就是该股回落到 60 日均线附近时，并没有形成有效的均线金叉，从这几点可以判断，该形态是假的老鸭头形态。

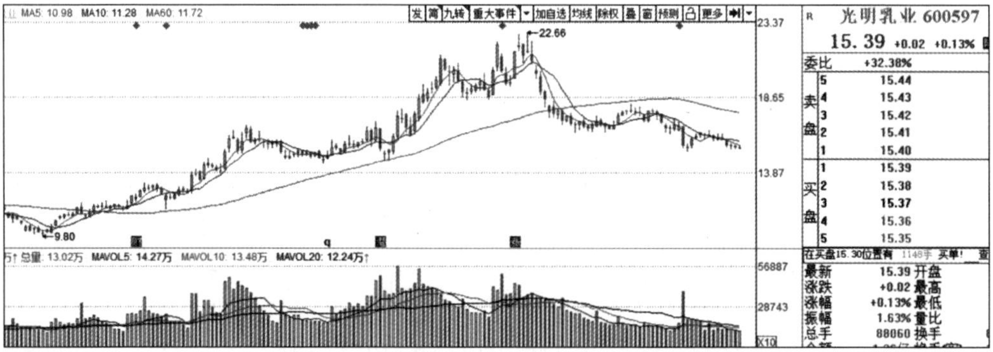

图 1-14　光明乳业（600597）K 线走势图 2

图 1-15 是济南高新（600807）的 K 线走势图。该股在下跌过程中出现反弹，走出一个类似老鸭头的形态。但这不是真正的老鸭头形态，因为该走

势只是下跌途中出现的反弹形成的类似于老鸭头的形态。在该形态中，前面下跌过程中成交量缩量，后面股价上涨时成交量放量，在下跌趋势中形成一个次高点，属于下跌中继形态。

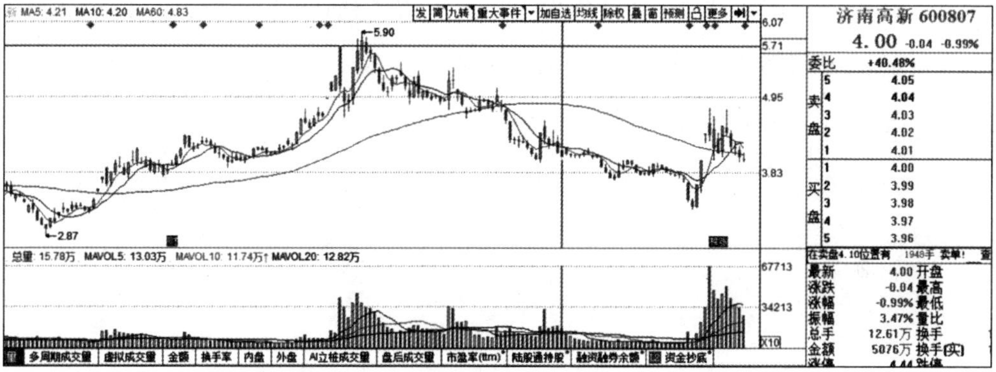

图 1-15　济南高新（600807）K 线走势图

前期翻倍上涨的个股，没有经过充分整理，再发动大的上涨行情并不现实。另外，均线排列也不符合老鸭头形态的技术要求。前期该股走出一个大的下跌趋势，虽说后面出现一个强劲的反弹，形成类似老鸭头的形态，但它极有可能是一个假的老鸭头形态。实战中，投资者不要上当受骗，更不能随意买入。关于真假老鸭头形态的区分，后面会进行详细的讲解。

结语：当真正学会区分真假老鸭头形态后，市场留下的只有盈利。

二、技术特点

很早的时候，一些投资者就已经总结出不少成功率较高的股市实操战法，这些战法很古老，但也很经典。老鸭头战法就是前人总结的股市战法之一。

这些经典战法最大的优点是简单，比简单更大的优点是实用。简单的东西不用太费脑筋，但是不实用的东西也没有太大的价值。这一点在简单实用的老鸭头战法上表现得淋漓尽致。当然，还有很多经典战法也很简单实用，本书会在后面的内容中进行详细介绍。

老鸭头战法因为K线走势在形态上酷似老鸭头，因此得名。如图1-16所示，笔者用画图软件沿K线走势潦草地画了一只鸭子。鸭子画得不好，甚至有些部位画的也不准确，比如鸭子的脚掌是有蹼的。但总体形状还是与鸭子有几分相似，从图中可以看到鸭腹、鸭身、鸭脖子和鸭头。关键是图中还能看到鸭嘴，这是很重要的一点，因为在个股走出这个形态之后，就可以在鸭嘴处买入建仓了。

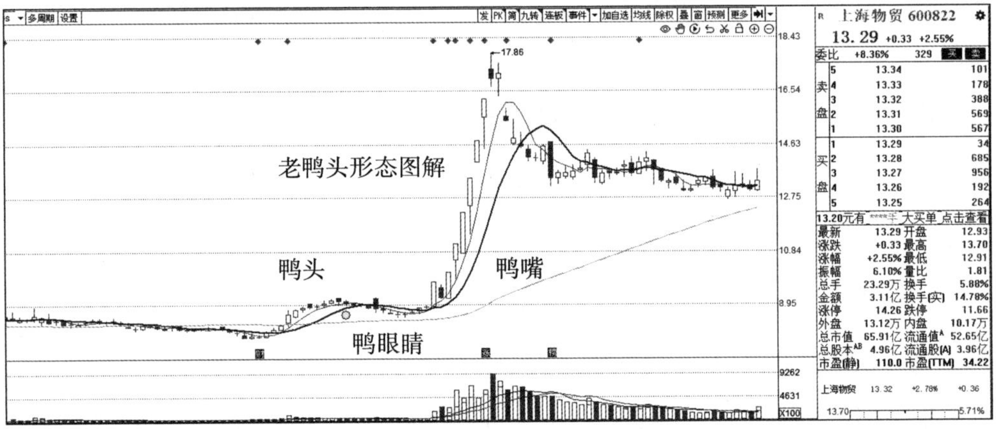

图1-16 老鸭头战法形态图解

很多人可能会说这算什么形态，任何一只个股，在K线走势图上都能画出这个形状。确实如此，只要股价有一定的波动，就能找出这个图形。单看这个图形，不能说它有多特别，但经过讲解后，就能知道它的独特之处了。

老鸭头形态的技术特点归纳如下。

（1）5日、10日均线先后放量上穿60日均线，表明主力开始收集筹码。此时股价缓慢上升，形成鸭脖子形状。

（2）60 日均线已经走平或缓慢向上抬头。

（3）股价小幅上涨后开始向下调整，之后 5 日、10 日均线再次金叉，构成鸭嘴张开的形状。

下面逐条讲解老鸭头形态的技术特点。

（1）第一个技术要点“5 日、10 日均线先后放量上穿 60 日均线”是老鸭头形态最标准的 K 线走势。当然，市场中也有强势个股连续一字板缩量涨停，走势 5 日与 10 日均线轻松上穿 60 日均线的走势。这种缩量上涨符不符合老鸭头形态的技术特点呢？严格来说，不放量不如放量那么标准，但也不能说完全不行。

这里来讲一个案例。图 1-17 是杭州解百（600814）的 K 线走势图。2020 年 6 月中旬，该股股价上穿 60 日均线时，成交量并没有明显放量，而是缩量站稳了 60 日均线。股价上穿 60 日均线这个动作，是主力开始收集筹码的一个信号。

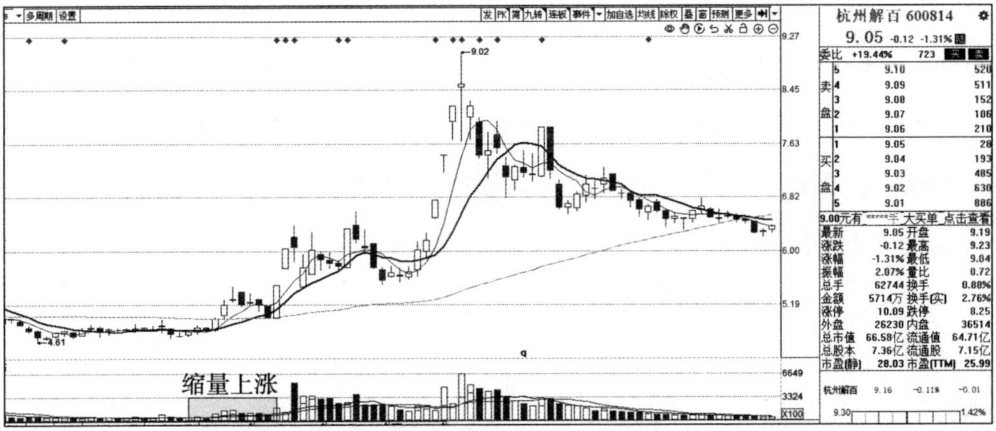

图 1-17　杭州解百（600814）K 线走势图

老鸭头形态为什么要求股价放量上穿 60 日均线呢？因为放量更能体现主力介入的意图，强势特征更加明显。但也有主力在 60 日均线下方潜伏收集筹码的情况，比如个股属于优质蓝筹股，主力建仓时大多会采取潜伏收集筹码的方式。这种方式会把筹码收集得非常充分，股价上穿 60 日均线时，成交量不放量也很正常。但对于操作老鸭头形态来说，还是倾向于股价放量上穿，这样操作成功的概率会大一些。

股价上穿 60 日均线，接下来的一个动作就是 5 日均线上攻 60 日均线。有人把 5 日均线称为攻击线，把 60 日均线称为生命线，也有人把 60 日均线称为工作线，意思是股价站上这条均线就开始工作，跌破这条均线就离场休息观望。很多股市战法的介入时机是 5 日均线向上突破 60 日均线，因为很多人认为上涨行情的起点是股价突破 60 日均线或短期均线突破 60 均线时。

老鸭头战法中，把 60 日均线比作鸭子在河中游泳的水平面，只有股价突破这个水平面，行情才算是要出头了。5 日均线和 10 日均线突破水平面，说明这个鸭脖子伸出来了。

（2）第二个技术要点是“60 日均线已经走平或缓慢向上抬头”。股价向上突破 60 日均线，这一点是形态成立要确保的。但是 60 日均线如果此时还在大幅向下运行的话，那么 5 日均线和 10 日均线向上突破 60 均线，行情最多只是一波超跌反弹，股价和短期均线突破 60 日均线引发一波上涨行情的有效性将会大打折扣。

为了避免遭遇假的老鸭头形态，技术上严格要求 60 日均线一定是走平或抬头向上的，这一点不能含糊和掺杂任何水分。如果盘面走势不符合这一要求，投资者一厢情愿地买进去，很容易导致资金被套，因为股价之前的向上突破很可能是一个假突破。

（3）第三个技术要点是“股价小幅上涨后开始向下调整，之后 5 日、10 日均线再次金叉，构成鸭嘴张开的形状”。也就是说，股价突破 60 日均线，攻击到一定的高度后，主力会洗盘打压股价，使股价向下调整，清洗出一批持股意志不坚定的短线筹码。股价回调到位后由跌转升，此时5日、10日均线再一次出现金叉，构成鸭嘴张开的形态，这就是标准的老鸭头形态。

老鸭头战法是基于5日、10日和60日均线走势形态归纳和定义出来的一种战法，掌握了上面这些技术形态细节和要求之后，就能找到真正符合老鸭头形态的股票。

在均线系统要形成鸭脖子的时候，此处有一个关键技术要点，就是60日均线的运行方向。如图1-18所示，短期均线突破60日均线时，如果60日均线还在大幅倾斜向下运行，那么这里的均线交叉只能看成是普通交叉，不属于均线金叉。也就是说，这里的股价突破一点含金量都没有，市场更多的是一种超跌反弹性质。根据经验，可以明确这种形态90%的概率是一种假突破，后市多数还会延续下降趋势。实战中，一定要注意短期均线拐头突破的节点，以及整个均线系统处于什么状态。

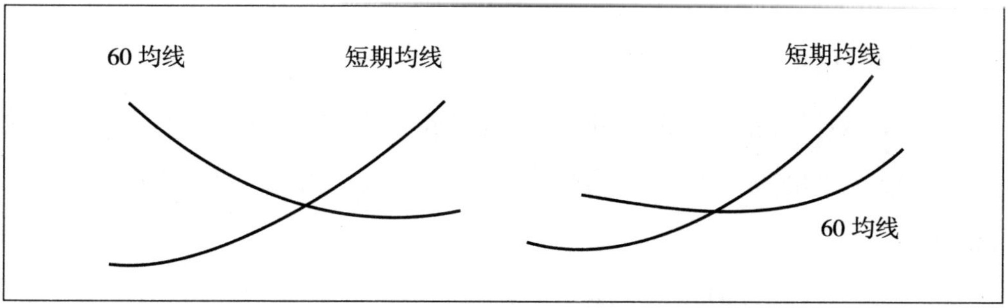

图1-18 老鸭头形态对60日均线的技术要求

如果短期均线能够拐头向上，60日均线同时也跟随向上，这才是一个有效的金叉突破。60日均线走平或拐头向上，是很多人判断一波大行情或中等行情启动的起点，所以老鸭头战法把60日均线走平或拐头向上称为水平面，这是上涨行情真正启动的分界点。

严格来说，股价第一波拉升之后，主力都是要洗盘的。洗盘回调到一定位置，市场企稳上涨，均线再一次形成金叉，注意这里使用的词语是金叉而不是交叉。两条均线同时向上且发生交叉，该交叉就是金叉。如果一条均线向上，一条均线向下，此时发生交叉只能是普通的交叉。在水面上均线二次金叉，构成鸭嘴张开的形态，这就是老鸭头战法的标准形态，也是一个标准的上攻形态。

总结一下，老鸭头战法是指在一只股票已经启动突破，突破后经过洗盘和回调整理，在股价马上要大涨时进场，来获取股价大幅拉升的利润。

为什么老鸭头战法要求 60 日均线在交叉时一定要走平或向上？即要求均线交叉一定是金叉，就是要确保入场后的大势安全，如果大势比较弱的话，就不能使用老鸭头战法了。就像一场生死大战在即，进场之前不能给自己留下后患，就是要尽可能地在入场前把隐患清理掉，否则战场上打得水深火热的时候，后营突然被敌人烧了，就比较被动了。

下面是老鸭头形态的注意事项。

（1）鸭头的高点最好不要超过 60 日均线的 20%。

（2）洗盘回踩最好回踩到 60 日均线附近，但不可跌破 60 日均线。

（3）成交非常活跃的人气股或热门股，回调幅度可以放宽到股价触及 60 日均线。

下面逐条讲解老鸭头形态的注意事项。

（1）辨别老鸭头形态的第一点，是“鸭头的高点最好不要超过 60 日均线的 20%”。这句话什么意思呢？下面来看图 1-19 这个案例，杭州解百（600814）的股价启动上涨时，只突破了 60 日均线一点点，之后股价就开始回调洗盘，这种走势对老鸭头形态来说是最好的一种走势。

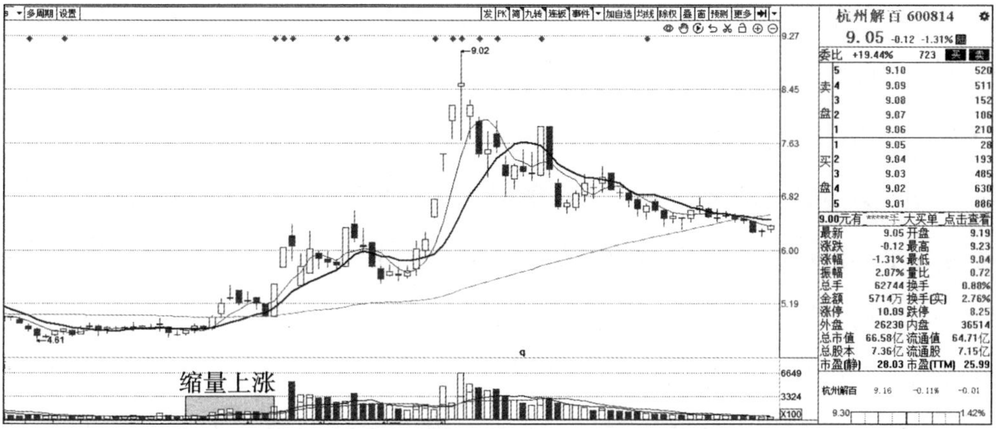

图 1-19　杭州解百（600814）K 线走势图

如图 1-20 所示，克劳斯（600579）的股价突破 60 日均线后，紧接着出现暴涨，之后才开始向下回调，并且回到 60 日均线附近，这样的老鸭头形态就容易失败。严格来说，这种形态就不是老鸭头了，而是长颈鹿头形态。

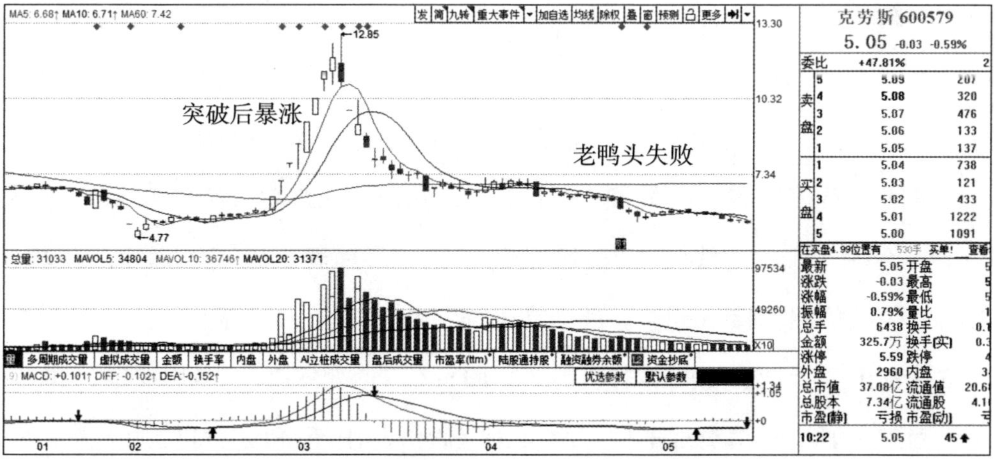

图 1-20　克劳斯（600579）K 线走势图

在一波较大的行情中，如果第一浪涨幅过大，容易透支后市上涨的潜力。

对于老鸭头战法来说，第一浪上涨结束的洗盘点，一定要在上涨行情的起点附近，不能是从起点涨到终点，否则上涨行情都已经走完了。如果还把形态归为老鸭头，这是完全错误的。

短时间内股价涨幅过大，回调时主力都已经获利出局了，此时的回调还能称为主力洗盘吗？即使后期股价再一次出现上涨，也很可能是有新的主力介入，市场在走第二浪上涨。但这里的回调绝对不能称为洗盘，因为其间已经经历过一个主力出货的阶段。

股价第一波上涨就拉出了巨大涨幅，之后从所谓的鸭头位置大幅回调，回调企稳后如果个股价格再创新高，又走出了一波上涨行情，这种情况一般是新庄换老庄，新庄家又发动了一次攻击。大部分主力不会在涨幅达到或超过 50% 的涨幅之后才去洗盘，主力一般都是在低位洗盘，很少在高位洗盘，高位回调大多数情况是主力出逃。

有高位洗盘的个股吗？也不能说绝对没有。如果大盘走势非常好，处于全面牛市阶段，大量散户蜂拥而入，这种情况下主力高位洗盘的行为也是有的。如果大盘走势并不是特别强势，行情没那么好的话，主力是不会在特别高的位置洗盘的，回头再看，股价已经失去了再次上涨的空间。

下面来看一个案例。如图 1-21 所示，毅昌科技（002420）的股价突破 60 日均线后，5 日均线和 10 日均线大幅上攻，其间走出了五六个涨停板，短时间内股价涨幅接近翻倍。此时主力已经有了非常大的浮盈，因此主力在高位获利出局就是自然而然的事情了。股价前期涨幅过高，虽说 5 日、10 日均线后来在所谓的鸭嘴处形成了金叉，但股价创出新高后立即转为下跌，最终走出了老鸭头失败图形。那么，这里所谓老鸭头形态中间的回落调整能算得上是主力洗盘吗？回答是肯定不能算洗盘。

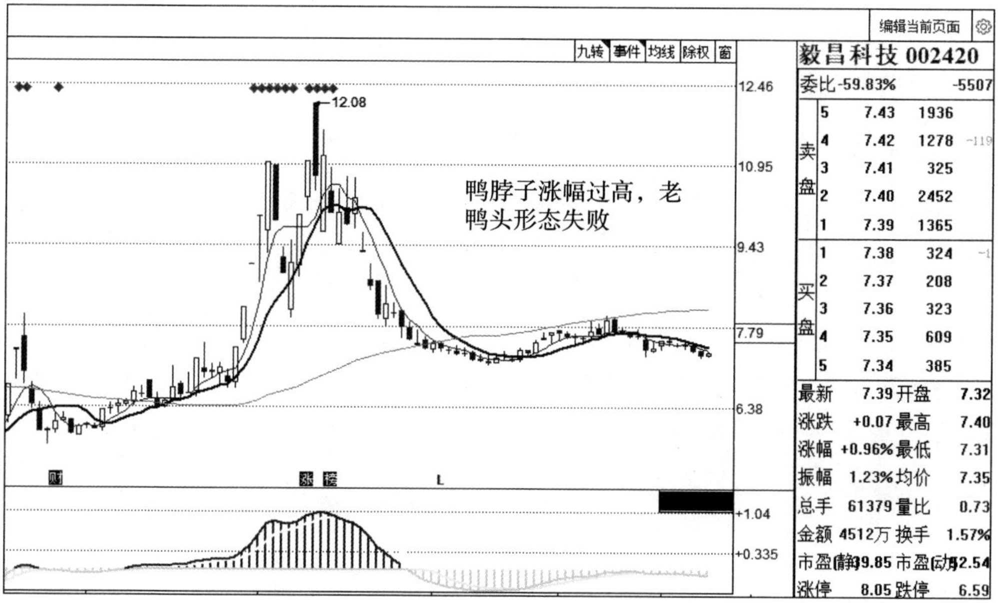

图 1-21　毅昌科技（002420）K线走势图

以上两个都是老鸭头形态不合格的案例。

切记，老鸭头战法要操作的形态是老鸭头，不是长颈鹿头，二者不可混为一谈，不然很容易导致操作失败，其中的关键点是老鸭头形态是否标准或者完美。

（2）辨别老鸭头形态的第二点是“洗盘回踩最好回踩到60日均线附近，但不可跌破60日均线”。即便跌破60日均线，时间最长也不能超过5个交易日，否则就要止损出局。如果股价长时间跌破60日均线这个水平面，形态就不是老鸭头了，而是死鸭头。也就是说，这个鸭子在水下被淹死了，老鸭头形态不成立了。

比方说，股价回落最多回踩到60日均线即10元位置，主力在这个位置准备吸货和拉升，结果股价一路向下不回头，跌到8元去了。出现这种走势，那么有理由相信要么这个主力是傻子，要么就是主力在做假老鸭头，后市股价还要下跌，而不是要拉升。洗盘一定不能把前期突破的点位给跌破了，一个有操盘节奏的主力，是不会让这种情况发生的。

洗盘最好是股价回踩到 60 日均线即企稳。为什么这么说呢？ 60 日均线是市场的成本线，如果股价还没有回调到 60 日均线大家就急于进场买入，这就有点追高入场的嫌疑了。

那么，是不是非要严格到等股价回落到 60 日均线才去介入呢？也不是。如果标的股是一只交投气氛非常活跃的人气股或热点股，就不必等股价回调到 60 日均线。走势真正强势的股票，或者真正的市场风向标股票，上涨行情启动后，是很难出现这么大幅度回调的，回调洗盘最多回踩一下 5 日均线，走势稍弱一点的话，可能会回踩一下 10 日均线，之后就会连拉涨停板，股价一气呵成直接就涨上去了。如果投资者还在等股价回调到 60 日均线再入场，很可能会踏空行情。

对于人气龙头个股、板块风向标个股和市场中极度吸引眼球的个股，实战中可以不要求股价回调到 60 日均线，下面来看一个案例。

如图 1-22 所示，2022 年下半年信创板块的炒作非常火热，南天信息（000948）作为信创板块的龙头个股，股价在突破 60 日均线之后出现了明显的放量。虽说在盘整阶段量能有一定的萎缩，相比刚突破时量能是减少的，但还是保持了成交量比较高的一种活跃状态，相比前期股价走势低迷阶段，成交量不知道要高出多少倍。

该股股价启动上涨后，市场保持了非常高的换手率，人气非常旺盛。在这种情况下，股价回调洗盘就是收出几根小 K 线，以横向盘整代替了回调洗盘，这是在市场走势非常强势的情况下主力采用的洗盘方式。从图 2-7 中可以看到，股价回调幅度最大的是下影线盘中回踩到 10 日均线，但收盘都收在 5 日均线上方。调整中，K 线组合走出一个上升三法形态，接着股价急速拉升。

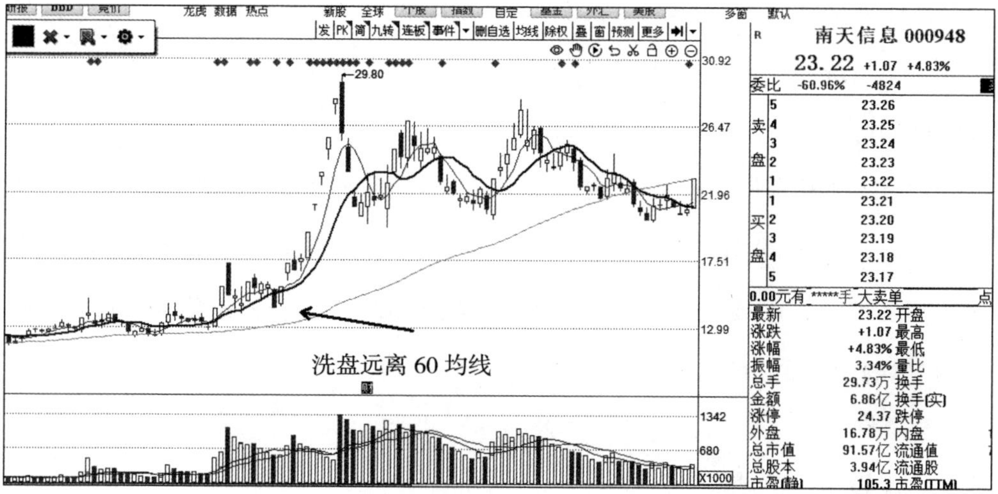

图 1-22　南天信息（000948）K 线走势图

这是一种小型的老鸭头形态，回调洗盘走势显得非常强势，洗盘回跌的幅度不深，股价调整并没有回跌到 60 日均线附近，而是回调到突破 K 线上方位置就再次启动上涨。从该案例可以看出，主力回踩的点位很精准，股价没有跌破自己持仓的成本价。

该股是当时市场中的热门强势股，它的股价走势与那种缓慢吸筹型的个股走势表现完全不一样。股价回调企稳后，突破当天股价就出现涨停，接着展开了凌厉的上攻走势。

这种热门强势股，回调时调整幅度都不会很深，主力洗盘也不会把 10 日均线打到向下拐头。因为 10 日均线向下拐头之后，要想让它再次向上拐头，就需要长时间的盘整。要想让 10 日均线拐头向下，最少也要跌个七八天。对于热门强势股来说，控盘主力不会让股价跌这么久。如果真的跌个十天八天，那就算不上是热门强势股了。如果股价前一浪涨幅很大，股价回调的幅度也很深，这种走势基本上属于新庄换老庄，也就不能按老鸭头战法来操作了。

老鸭头战法其实是根据主力发动行情的启动点来操作，还谈不上中间换庄。也就是说，老鸭头战法的操作纯粹抓取主力拉升行情中股价启动、回调、再启动的切入点。

结语：对于人气热门股来说，由于个股是当前市场炒作的风向标，一般来说起涨后调整的幅度都不会很大，时间也不会太久。一旦调整时间过长，回调幅度过大，市场人气也就冷了。老鸭头战法要介入的位置其实就是上涨行情中第二波上涨的起涨点。

三、战法买卖点

前面对老鸭头形态进行了解读，明确了什么样的形态才符合老鸭头战法的要求，对于一些不符合老鸭头形态要求的图形，笔者也结合实际案例进行了讲解。

老鸭头战法的核心是主力刚刚进驻某只股票，还没有拉升出空间获利出局，在股价刚刚突破 60 日均线，整体上涨幅度不是很大的情况下，主力控制股价回调洗盘时进场，这种走势往往意味着后期股价会有大幅度拉升，买入后可以获得一大段上涨利润。

前面强调，大部分热门股在股价回调时是不会跌回 60 日均线的，原因很简单，在聚光灯下，市场上各路资金都会来炒作这个热点，股价缺少下跌的空间。

热点股，顾名思义，就是该股是当前市场炒作的热点。过了这段时间，市场炒作的热度散去，一阵风过后，市场就不再炒作它了。炒作热点股和挑选价值投资的股票不一样，对于价值投资，投资者有充足的时间介入这只股票，更有耐心持有这只股票，买入后都是持有几年甚至十几年的时间，以便让个股有足够的时间去成长。热点就是一阵风，这阵风没赶上，后期市场能炒作多长时间，还会不会有资金去炒作都很难说，说不定就接了最后一棒。热门股不像那些走势稳定的价值成长型股票，它没有长期高增长的利润，只有短期利好消息刺激，所以这类股票要做的就是短期内最强的一波拉升。

不管老鸭头战法在实战中有多么精准，应用的次数多了，也必定有操作失败的时候，因此，对于老鸭头战法，一定要有及时止损的意识。这里强调一点，征战股市，没有任何事情是能够确保百分之百成功的。

下面讲解老鸭头战法的买卖点。

买点一：鸭嘴再次张开时买入，即股价回调到位，5 日和 10 均线再次金叉时买入。

对于该买点，有以下三点注意事项。

（1）此时成交量最好是缩量之后再放量。

（2）该买点适合短线和中长线投资者建首仓。

（3）该买点的止损位在 60 日均线位置。

如图 1-23 所示，5 日均线与 10 日均线突破 60 日均线后向下回落，回落到 60 日均线之后，5 日均线与 10 日均线再一次金叉，这个买点就是老鸭头战法的第一买点。相比其他买点，该买点算是一个求稳的买点。

有时候老鸭头形态可能会变形，以至于交易者犹豫 K 线图形是不是老鸭头形态。对于这种情况，实战中处理方法很简单，当交易者对形态判断出现犹豫的时候，把握不准就不要买入。

对于老鸭头形态第一买点前后的量能表现，常规表现是缩量回调之后再一次放量上涨，此时 5 日均线和 10 日均线再一次形成金叉。一般来说，第一买点适合短线和中长线投资者建首仓。

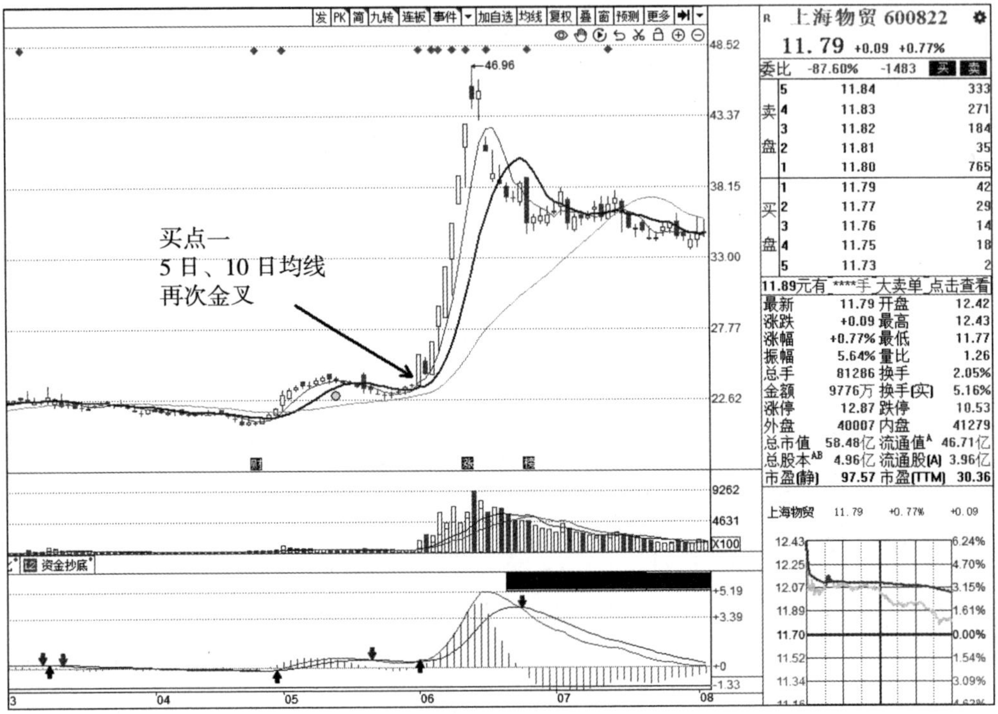

图 1-23　老鸭头战法买点一

如图 1-24 所示，比亚迪（002594）是美国著名投资家沃伦·巴菲特（Warren E. Buffett）在中国股票市场上买入的两只股票中的一只，另一只是在港交所上市的中国石油 H 股。下面来看一下当年这只明星个股是不是符合老鸭头战法的技术要求。

股价大涨之前的买点，就是图上标注的金叉买点一，此处 5 日均线和 10 日均线金叉，该位置中长线和短线操作都可以建首仓。假如过了几天股价没有上涨，那么投资者也不要急于卖出。什么时候止损呢？就是股价跌破下方 60 日均线的时候。

在买点一处建首仓，为什么这里强调是首仓？股市交易中，买入股票原则上要分批次、分阶段买进，不能一下子将资金全部杀进去，一般分两到三批。

如图 1-24 所示，圆圈处标示的是金叉买点一，投资者在此处买入建仓，如果后市验证方向判断对了，可以在合适的位置加仓，继续盈利，加仓位置就是老鸭头形态的第二个买点，也就是图中方框处标示的突破买点二。

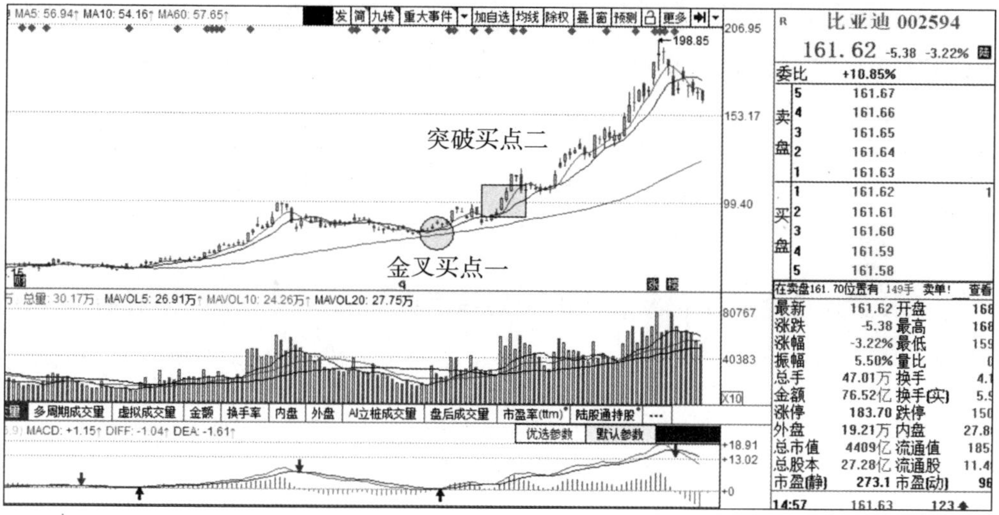

图 1-24 比亚迪（002594）K 线走势图

买点二：股价突破鸭头高点的位置买入。

对于该买点，有以下三个注意事项。

（1）此时最好是放量突破。若不是放量突破，则在回踩点介入。

（2）该买点适合短线投资者进行短线追击，前期已建首仓的投资者可以适当加仓。若前期没有建仓，中长线投资者不建议在此处追涨买入。

（3）该买点的止损位在 10 日均线位置。

老鸭头战法第二个买点最好是股价放量突破，若不是放量突破，则在回踩点介入。回踩点是一个非常好的买点，为什么说非常好呢？这是因为很多股民是很怕追高入场的。

放量突破必须是阳线突破，如果是高开低走的放量阴线，肯定不符合形态要求。如果投资者在前期金叉买点一位置买入了一部分仓位，那么在股价放量突破老鸭头高点位置时，账面已经出现了盈利，虽然这个盈利可能不是很多。放量突破是行情又一次强势启动的表现。

到了这个阶段，适合哪一部分人介入呢？股价运行到这里，毕竟市场已经有了一定涨幅。这个涨幅说多不多，说少也不少，因此并不是适合所有人都去买。原则上来说，此时适合超短线资金买进，这一类资金进出市场比较快速，如果市场走势不符合预期，及时砍仓出局也不会带来太大的损失。

该位置还适合前期已经建仓的中短线资金介入。这一部分投资者前期建仓的仓位已经有了盈利，此时加仓可以扩大盈利。如果市场走势不符合预期，也可以及时止盈出局，账面也不会出现亏损。如果是一名中长线投资者，前期没有建仓，这个时候就不建议再去介入了。

短线资金能够做到快进快出，买错的话，出场也会比较快速，第二买点的止损位是股价跌破 10 日均线的位置。确认股价有效跌破 10 日均线：一是股价连续 3 天收盘收在 10 日均线下方；二是一根放量大阴线直接跌破 10 日均线，并且幅度超过 5%，出现这种情况，就需在当天收盘前止损出局，不要等 3 天再出场，因为即使等 3 天，股价也收不到 10 日均线上来。如果没有出现上述这两种情况，股价基本上就会一路高歌猛进，这时持仓的投资者千万不要轻易出局。

第二买点为什么不把止损点设在 60 日均线处呢？原因很简单，前期已经建了一批仓位，如果股价涨上来后又掉下去，此时应秉持盈利仓位绝不拿到亏损的操盘理念。由于在突破位置增加了一批仓位，如果股价跌破 60 日均线再止损，那么总仓位可能就会出现亏损。本来前面买入的仓位还是赚钱的，出场后却是亏钱的，这种操作肯定不合理。为了避免亏损出场这种情况，止损位就应设在 10 日均线位置，这样不至于亏损，甚至可以赚一点钱。

如图 1-25 所示，比亚迪（002594）这只股票形成向上突破走势后，很长一段时间股价一直没能有效跌破 10 日均线。这种情况下，应该耐心持有。比亚迪总市值 4000 多亿元，算得上是一只大盘股，因此股价一般是一路慢慢攀升的。如果是强势热门股，走势表现不会这么稳。

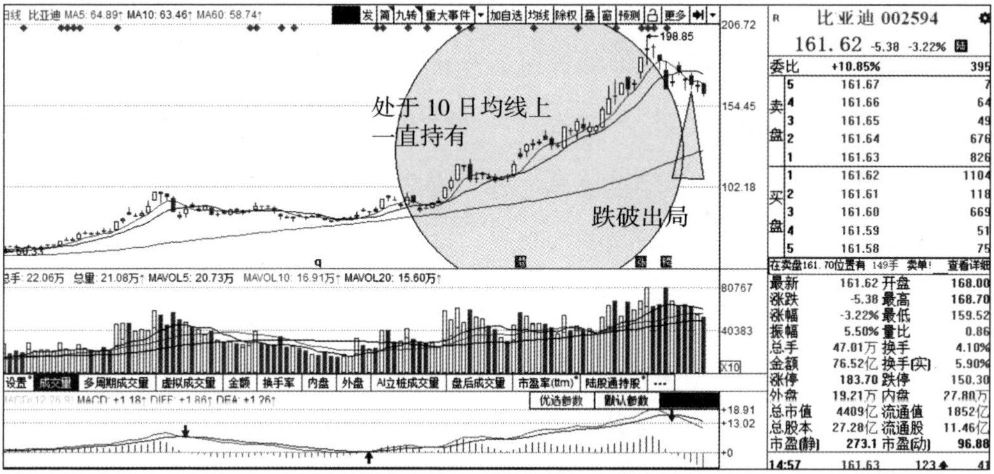

图 1-25　比亚迪（002594）K 线走势图

老鸭头战法中，如果进场后股价持续上涨，那么止盈点应设在哪里呢？这一点很重要，如果是中线波段交易者，应以 5 日均线和 10 日均线死叉作为止盈参考点位；如果是长线操盘者，以股价跌破 60 日均线来止盈。波段操作是以 5 日均线和 10 日均线金叉作为进场信号的，如果哪一天 5 日均线和 10 日均线死叉，股价同时跌破了 10 日均线，那么这一个上涨波段也就走完了，此时就可以及时止盈，这是从波段操作的角度来说的。

对于中长线交易者而言，操作的是一波中长期上涨行情，中长期上涨行情运行过程中会有很多子浪，还会有延展浪和加强浪等，所以中长线交易做的是大趋势，一个小波段走完，还不能马上止盈。如果 60 日均线没有被有效跌破的话，是形态仍然保持完好的标志。只要 60 日均线没有被有效跌破，中长线交易者都应该一直持有。也就是说，对于老鸭头战法来说，中长线投资者应以 60 日均线作为止盈点位。

这里强调一下，如果交易者选中的标的股是当前强势的热门股，切不可做成中长线，否则是很要命的，基本上持有到最后都会以亏损告终。为什么会出现这样的结果呢？因为老鸭头战法的选股模型是基于形态的，没有太多考虑股票的内在价值。对于价值投资者来说，选股不单单要看形态，只通过形态确定买点，还会通过基本面分析判断标的股是否是成长型个股，有没有长期投资价值。形态只能提供买点，对于股票的内在价值，形态是无法提供判断依据的。尤其是做中长线的投资者，在介入之前一定会研究股票的成长性，形态只是辅助判断买点和介入时机。

结语：老鸭头战法只是对形态买入信号的一个把控，除此之外，该战法是无法提供辅助判断的。如果你是做中长线投资的，那么还需要额外去研究一下个股的基本面情况；如果你是做短线热点股的，也要明白这只股票是不是当前炒作的热点。如果当前个股处于利好出尽的阶段，奉劝投资者不要贸然介入。如果前期该股已经炒作很久了，股价也上涨了一大截，看到老鸭头形态最好也不要去追买。

老鸭头战法中的这个形态，不可能出现在前期炒作很久的股票走势中，因为老鸭头形态出现在股价刚刚突破 60 日均线不久的阶段。但是，也不排除该形态出现在股价高位。比如，当个股前期走完了三浪大涨，股价处于一个很高的位置，此时股价出现回调，回调一定幅度后股价企稳反弹，这时也可能走出类似老鸭头的技术图形。应用老鸭头战法要设置止损点的原因也在于此。设了止损点，即便形态判断出现错误也没关系，小亏出局对长年征战股市的投资者来说很正常。

对于老鸭头战法，只要对形态判断和量价分析考虑周到，对老鸭头形态的内在实质和形态买点把握好，赚钱还是很容易的，但在实战中一定要严格执行止盈止损，切不可过分贪婪导致被套。

第二节 三军会师战法

一、基本形态及原理

“三军会师”这几个字，很多喜欢历史的朋友，应该是有印象的。三军会师就是三股力量同时汇聚一地，凝结成一股力量。“三军会师”应用到股市上，也具有同样的效果。

股市上，三股力量一旦汇集到一点，这只股票肯定处在启动的前夜。这里讲解的三军会师是一个买入战法，自然是一个多方力量的会师。反之，若是空方力量三军会师，股价肯定是要跌的。

什么是三军会师战法？三军会师战法是均线战法之一。均线的本质是平均持仓成本，所以不同周期的均线代表了不同周期的力量。由于三股力量汇聚于一点同时发力，故称为三军会师战法。

与老鸭头战法类似，三军会师战法也是一个均线类型的战法，或者说是均线应用上的一个战法。这个战法有很多优点，也是很多人喜欢应用的战法之一。均线战法的优点是趋势性比较强，一旦出现某种形态，交易成功率比较高。即便出现判断错误，止损的空间也很小。按照三军会师战法买入之后，多数情况下市场都会出现预期中的上涨，投资者根本就没有止损的机会，出现一字板跌停这种走势的情况更是少见。一般来说，当均线走出三军会师的技术形态，股价大概率都是要上涨的，上涨概率一般能达到80% 以上。

前面分享的老鸭头战法，也是均线战法之一。均线是指标之母，可以说是股民使用最多、最广的一个技术指标。这里用“三军会师”来给该战法取名，是因为三条均线能代表市场当前的主导力量，均线本质上表达的是平均持仓成本。

很多人买入股票，亏损后不想割肉，痛呀！成本在交易中确实具有很大的影响，做生意也一样。一旦销售价格低于进货成本，投资者都不想把商品卖出去，因为没赚钱嘛！股市也一样，均线代表的是平均持仓成本，持仓成本上升的话，那么说明股价也是向上涨的。不同周期的均线代表了不同周期的持仓成本，不同周期的持仓成本又代表了不同周期的市场力量。如果三股力量汇集在一点同时发力，那么做多力量就会无坚不摧，故此把这个战法称为三军会师战法。

三军会师战法中的均线到底是一种什么样的技术形态，这里所说的均线是哪三条均线？下面来看图解。

图 1-26 是三军会师形态图解。这只股票走出三军会师形态以后，接着就发动了一波上涨行情，而且这波上涨行情走势非常凌厉和流畅。三军会师形态中的三条均线依次是 5 日均线、10 日均线和 30 日均线。

了解过均线的投资者都知道，5 日均线是攻击线，10 日均线是操盘线。攻击线直接反映出这只股票的攻击态势，走势稍微强势一点的股票，股价都是被 10 日均线托举着向上运行的。最下方的 30 日均线一般称为修正线。如果攻击线、操盘线和修正线三条均线汇集在一点向上拉升的话，那么这只股票肯定是要上涨的，而且要大涨。

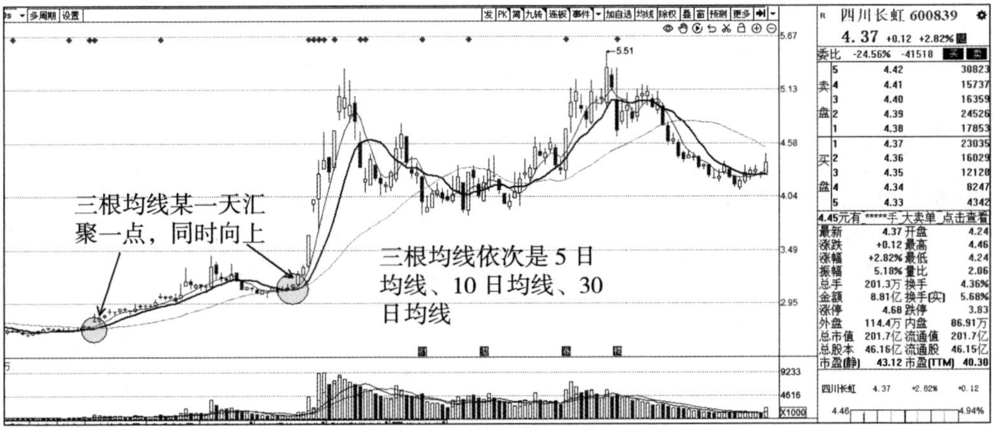

图 1-26　三军会师形态图解

30 日均线代表的并不是周期特别长。有些人动不动就看年线，也就是 240 日均线。240 日均线是牛熊转换线，短线操盘看 240 日均线的话，这个时间周期就太长了。说实话，不是准备持股数年的投资者，根本没必要看年线。

三军会师用到的三条均线，其中 5 日均线是超短期攻击力量的一个体现，10 日均线是浪型短波的操盘线，30 日均线介于短线和中线之间，一般波段式上涨都会对 30 日均线进行有效突破。三军会师战法中，三条均线一定是在特定的某一天或是两三天之内（时间最长不超过三天）汇聚在一点，之后同时向上发散运行。

只要均线形成多头排列，运行方向同时向上，表明股价已经展开了一波上涨行情。对于三军会师战法而言，这里还有一个关键点，就是均线形成多头排列的启动点要汇聚在一点。多条均线汇聚于某一点时，均线数值处在同一价位，也就是三股力量在某一天成本是相同的。

如图 1-27 所示，襄阳轴承（000678）经过一轮下跌后止跌企稳，随后构筑一个头肩底形态。2023 年 6 月 12 日，5 日、10 日和 30 日三条均线汇集到一个点，三条均线的成本价都在 5.5 元附近。

三军会师后，虽然三条均线同时向上，但是三条均线代表的成本各有不同，获利的点位也各不相同。只有在三军会师的这个汇聚点，三条均线的持仓成本才是一样的。

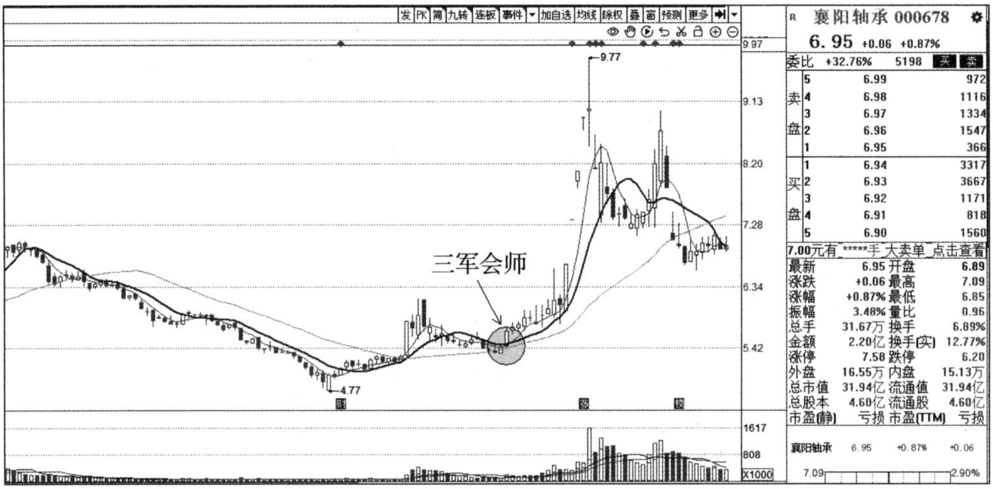

图 1-27　襄阳轴承（000678）K 线走势图

如图 1-28 所示，宝新能源（000690）走出一个标准的均线三军会师形态，三条均线的持仓成本都在 5.20 元左右。短期买入的人想做多，中期买入的人也想做多，短期和中期买入的投资者持仓成本基本一样，此时投资者们同仇敌忾，一致想做多。三条均线汇聚一点，谈不上谁赚得多，谁赚得少，市场的平均持仓成本都是一样的。

很多人喜欢摆长城——打麻将，赢钱的人想获利离场，输钱的人还想继续玩，把输掉的钱赢回来。盈亏不同，导致不同的力量产生分歧。如果起点都是一样的，并且都想做多的话，那么这个起点绝对是一个引爆点。

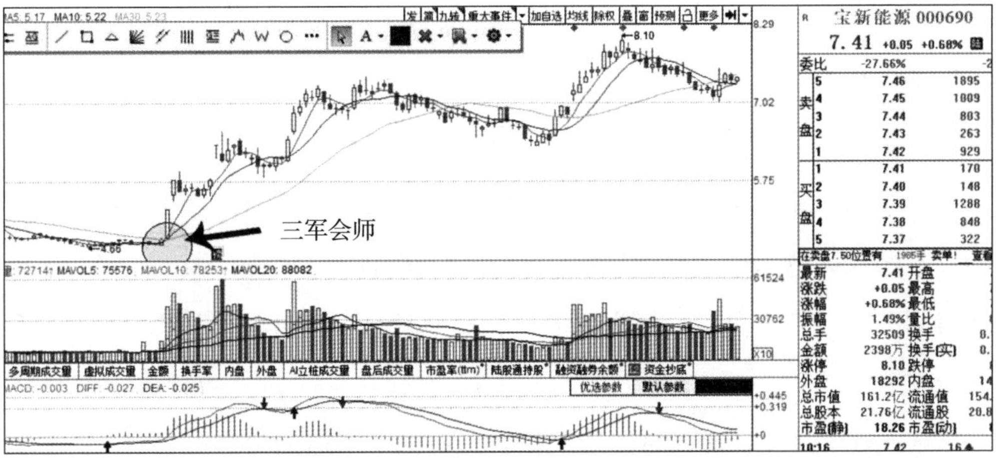

图 1-28　宝新能源（000690）K 线走势图

下面归纳一下三军会师形态的定义：5 日均线（攻击线）、10 日均线（操盘线）与 30 日均线（修正线）从高位向下移动到低位后，重新抬头向上并交叉汇聚于一个点，之后三条均线开始向上运行，还有成交量温和放量相配合。这里所说的温和放量是持续放量，不是指单根孤量。以上是标准的三军会师形态，其本质含义是短期、中期和长期进场的市场力量在同一价位均发力做多，股价在当前位置必然上涨。

三军会师的技术形态要点如下。

（1）5 日均线、10 日均线和 30 日均线交叉汇聚于一点并向上运行。

（2）成交量温和放量。

形成三军会师形态时，成交量不放大也不是不可以，但从做多力度上来说，不放量就会显得做多势头差了那么一点。符合以上两点要求，就是标准的三军会师形态。此时，市场短期、中期和长期平均持仓成本是一样的，在同样的位置人心思涨，投资者都想向上拉升股价，那么股价必然会上涨。因为三条均线会合时，股价还处在低位，除短线投资者有微薄利润外，中长线持股者均无获利，这意味着上方抛压不重，股价易涨难跌。

这里补充一个细节：对于会合的三条均线，技术形态上有一个要求，就是它们会合时同时向上运行。

5 日、10 日均线同时上穿 30 日均线，三线汇聚于一点，三股力量同时向上拉升股价。两条均线刚好在同一天上穿 30 日均线是最佳形态，如果上穿的时间不同，均线距离肯定会拉大，但是相差一两天也是可以接受的。上穿相差时间最好不要超过 3 天，以 3 天为限。

这就好比打仗，多头合力想要把空头击退，当然是希望左、中、右三军能够同时发力。打仗的时候，先头部队也可以先顶个一两天，只要支援部队能够及时赶到，对战局的影响也不大，但是等待时间不能太久。在股市中，短期做多力量向上发起攻击时，各方援助力量一定要及时跟上。

如图 1-29 所示，中色股份（000758）的走势图中左边的圆圈处，从汇聚时间点和量能配合来说，都是标准的三军会师形态。图中右侧的圆圈处则不是三军会师：其一，均线汇聚不是发生在同一个时间点，10 日均线是在 5 个交易日之后才上穿 30 日均线的；其二，如果要符合标准形态，三条均线的

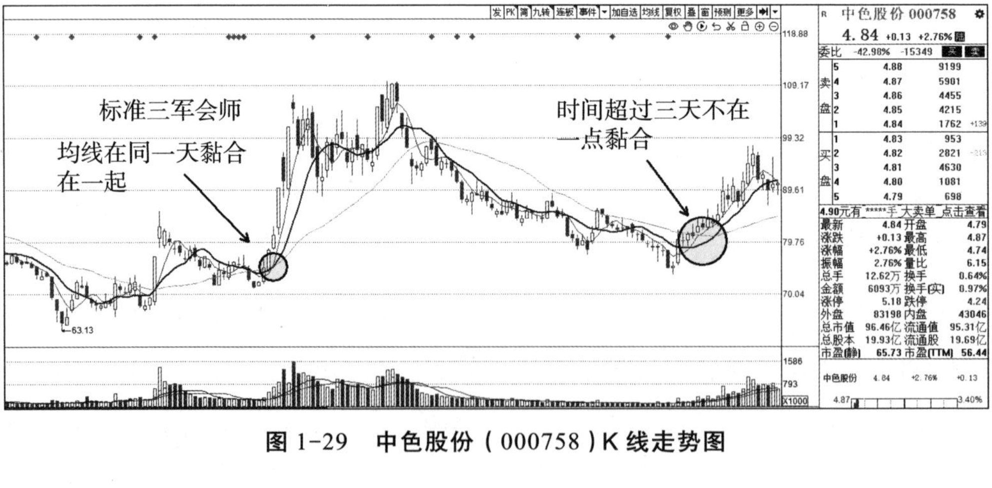

图 1-29　中色股份（000758）K 线走势图

运行方向均不能向下，图中 5 日均线上穿 30 日均线的时候，30 日均线是向下运行的。均线汇聚时间可以相差一两天，但是对均线运行方向的要求一定不能放松，这一点没有讨价还价的余地。补充这个细节，就是防止有些投资者钻牛角尖。

前面定义了三军会师的标准形态，但很多时候事物都是不完美的，也就是说，要找到这种形态完美的走势有些困难。世间万物都没有百分之百的完美，做人也是如此。想拥有财富，拥有美貌，又想拥有健康，拥有才华，是比较困难的。选择标的股时，既要求它业绩好、股价低、盘子不大不小，又要求股价走势形态好，公司发展前景好，这样的股票并不好找。那么个别指标不符合标准形态的要求，是否可以按三军会师形态来操作呢?

这里把那种不是很完美，不是很标准的三军会师形态，称为三军会师的次级形态。即使在条件上放宽了一些要求，在实盘中要找到三军会师的次级形态也不是很容易，所以标准的三军会师形态就更难得一见了。

标准形态难得一见，只能退而求其次。可以按照三军会师标准形态，挑选个别因素不是很符合三军会师标准形态的股票，不过如果想介入这些放宽了要求的三军会师次级形态，在其他方面就要苛刻一些。

如图 1-30 所示，这只股票走出的三军会师形态离标准形态有一些差距。图中标示位置确实是三条均线汇聚于一点，但按照三军会师战法形态的要求，三条均线汇聚于一点时，5 日均线和 10 日均线应该向上，同时 30 日均线也要向上。从图中可以看到，该股 5 日均线和 10 日均线是向上的，但是下方的 30 日均线仍然是向下的。如果大家在三条均线汇聚点买进去的话，不排除这只是一个下降行情的反抽。只不过很巧合，5 日均线和 10 日均线同时靠近了 30 日均线的位置，在均线刚刚黏合的这一天，按照形态技术要点，它只能算是一个三军会师的次级形态。

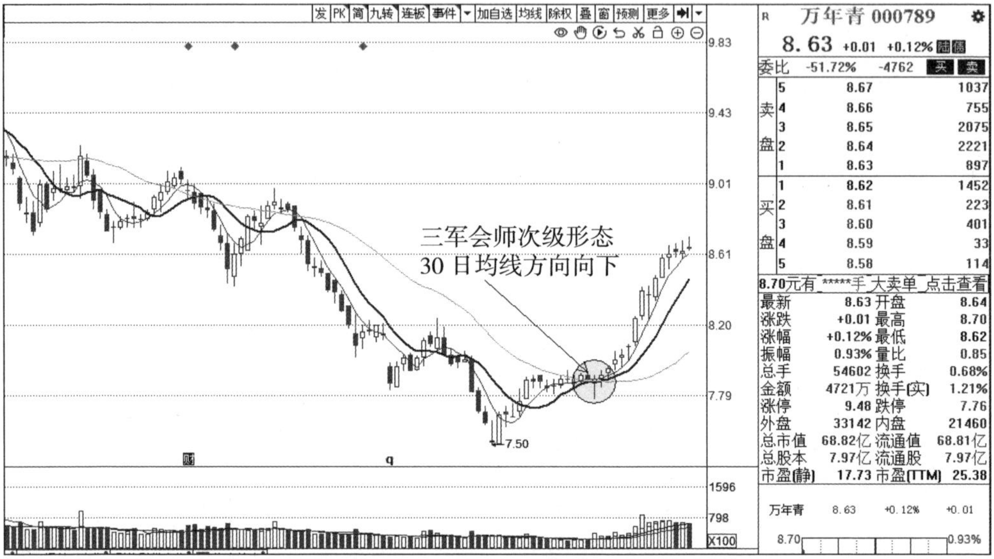

图 1-30　三军会师次级形态

对于三军会师次级形态，实战中的买入要求如下。

（1）需要更强的 K 线配合。

（2）后期出现更强势的行情启动信号。

（3）买入时要适当轻仓。

三军会师次级形态中，三条均线确实汇聚到了一点，但是某一条均线方向还是向下的，没有达到三军会师标准形态的要求。盘面中三条均线汇聚到一点，是不是要同时发起攻击呢？内部有不同的意见。三军有了交集，两军要发起攻击，但是另一军没有做好充分的准备，对于马上发起攻击有些犹豫，这样就缺少了一股力量。在这种情况下，投资者要稍微谨慎一些。这种情况下也不是不可以买进，毕竟还有两大主力军要发起攻击，而且也正处于攻击态势。没有另一军的支援，并不是说就打不了胜仗，但最好能有其他方面的配合，比如说更强的 K 线形态来作支撑。

K 线形态，这里可以把它比作进攻的武器。另一军参不参战无所谓，两军只要有坚船利炮，也可以发起攻击。也就是说，在缺少一股力量的情况下，只要有更强势、更凌厉的 K 线配合，两军也是可以打胜仗的。

如图 1-31 所示，从亚钾国际（000893）的 K 线走势图可以看出，10 日均线不是和 5 日均线同一天上穿 30 日均线的，而是贴着 30 日均线走了两三天。这个时候要买入的话，就需要涨停板或超大阳线突破来增强买入信心。该股在 10 日均线突破 30 日均线的第四天，刚好拉出一个涨停板，股价突破了前期的横盘调整平台。股价处于向上突破的位置，加上这么强势的攻击 K 线，这种三军会师次级形态是完全可以接受的，实战中可以大胆买进做多。该股后期涨势很不错。

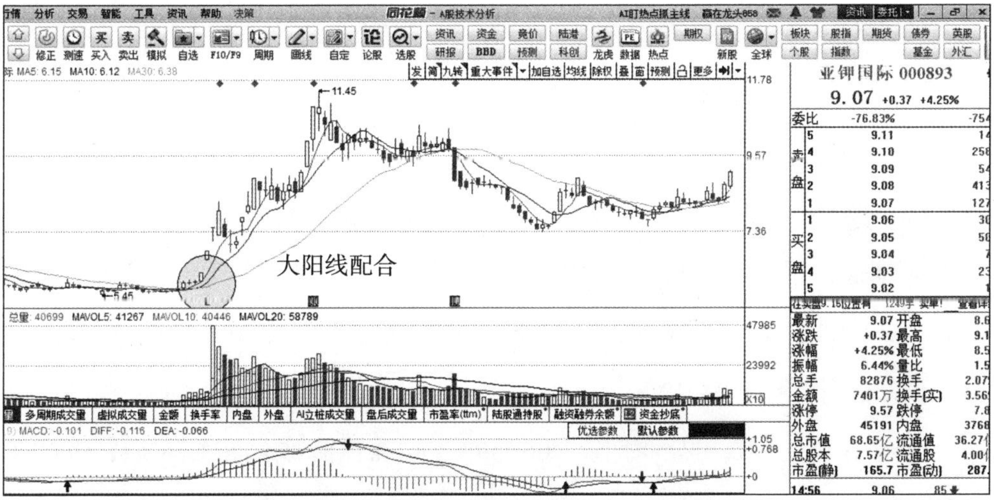

图 1-31　亚钾国际（000893）K 线走势图

跳空涨停是 K 线强势的形态之一，如果没有超大阳线配合，严格来讲，三军会师次级形态是不能买入的。当走出三军会师次级形态时，投资者可以跟踪观察，如果后期出现了更强势的行情启动信号，再介入也不迟。

该股符合三军会师次级形态买入要求的第二条，股价出现了更强势的启动信号。在强势启动信号入场后，该股后期连续拉出涨停，短时间内获利不菲。

实盘中，投资者对三军会师次级形态如有迟疑，犹豫要不要买进时，即便最后决定买进的话，也一定要降低仓位。

三军会师战法除大盘暴跌行情不适用以外，振荡整理行情、小幅振荡行情中都可以使用。暴跌行情中，什么战法都不适用，最佳的操作就是空仓。在大跌行情中，庄家大都持币等待，极少参与，投资者还怎么跟庄获利呢？

二、战法买卖点

通过上一节的讲解，了解了什么样的形态才是真正的三军会师形态，也知道什么时候可以适当放宽一点形态要求，放宽之后哪些方面需要强化，以降低买入风险。但是哪里是三军会师战法的买入时机呢？

很多人看到盘面中上下跳动的 K 线就想买进去，但是买进去不一定就能赚到钱。同样一只股票，巴菲特可以在这只股票上赚很多钱，并不代表所有人都能赚钱。相信巴菲特持有的股票其他人也买过，但盈利不一定有巴菲特多。那么为什么巴菲特能赚到大钱呢？关键就是巴菲特知道什么时候买入，同时也知道什么时候卖出。

如图 1-32 所示，亚钾国际（000893）在涨停阳线位置介入后，短期内股价上涨了一倍。但只有极少数人能在这只股票上赚到一倍的利润。为什么买进之后却没赚到钱呢？关键原因之一是不知道什么时候买入。

三军会师形态的准确率是非常高的，但准确率高并不等于不会失败。很多专家发现社会中存在一些定律，比如蝴蝶效应、木桶原理等，其中有一个定律叫墨菲定律。墨菲定律的意思是说，某个事情发生的概率很小，但是它一定会发生。用到股市中，某个战法的成功率高达 90%，但是不能排除小概率事件，也就是说 10% 的操作会失败。按照墨菲定律，10% 的失败是一定会发生的。

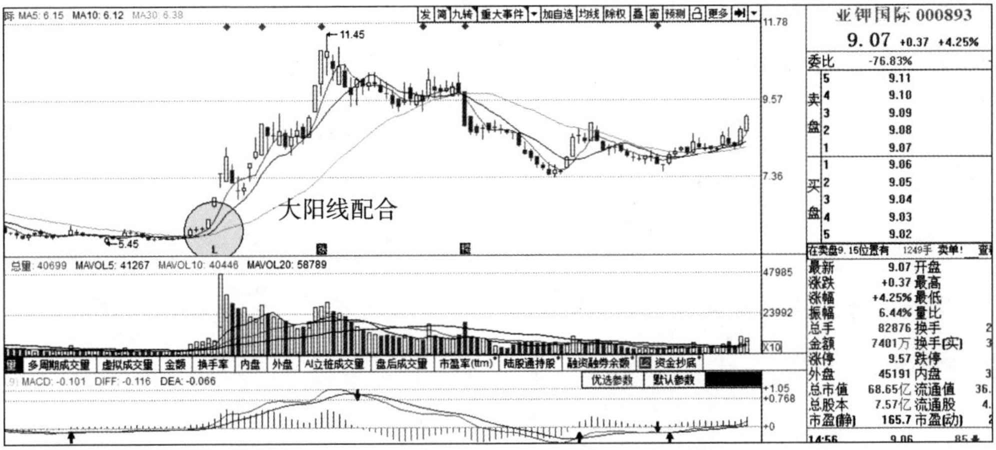

图 1-32　亚钾国际（000893）K 线走势图

操作 100 次，会有 10 次失败，但这 10 次失败不能成为实战操作的一个障碍。如果会设置止损点，90 次操作是赚钱的，10 次操作是亏损的，那么亏损的这 10 次每次只亏一点点，另外的 90 次盈利就足以让投资者大赚。就像亚钾国际一样，一次操作就赚一倍，总体累积下来，肯定是赚钱的。那么万一买进失败了，怎么设置止盈、止损点，如何快速离场，也是实战操作中非常重要的。

三军会师形态的买点只有一个，那就是三条均线汇聚于一点且确认出现均线金叉。

（1）若是大阳线或是涨停阳线带动均线汇聚一点，同时指示三线金叉，当日有机会即可买入。

（2）若是小 K 线致使三线汇聚一点，最好等收盘后确认均线金叉，然后在第二天开盘后再买入。

三军会师的买点是三线汇聚一点的时候，且一定是已经确认出现均线金叉。有的人可能性子比较急，在 5 日均线和 10 日均线靠近 30 日均线，还没形成均线金叉的时候就买进去了。结果收盘时股价又掉了下去，盘面只是出现了一个假突破。均线是根据收盘价来计算的价格平均值，尾盘冲高回落，收盘后可能会发现均线当天根本就没有黏合在一起，K 线图上没有形成有效的突破，结果发现买错了。

如图 1-33 所示，河钢资源（000923）K 线图中，按照三军会师形态的技术要求，三条均线一定要汇聚一点且已经确认均线出现金叉后买再进去，不要抢先进场。

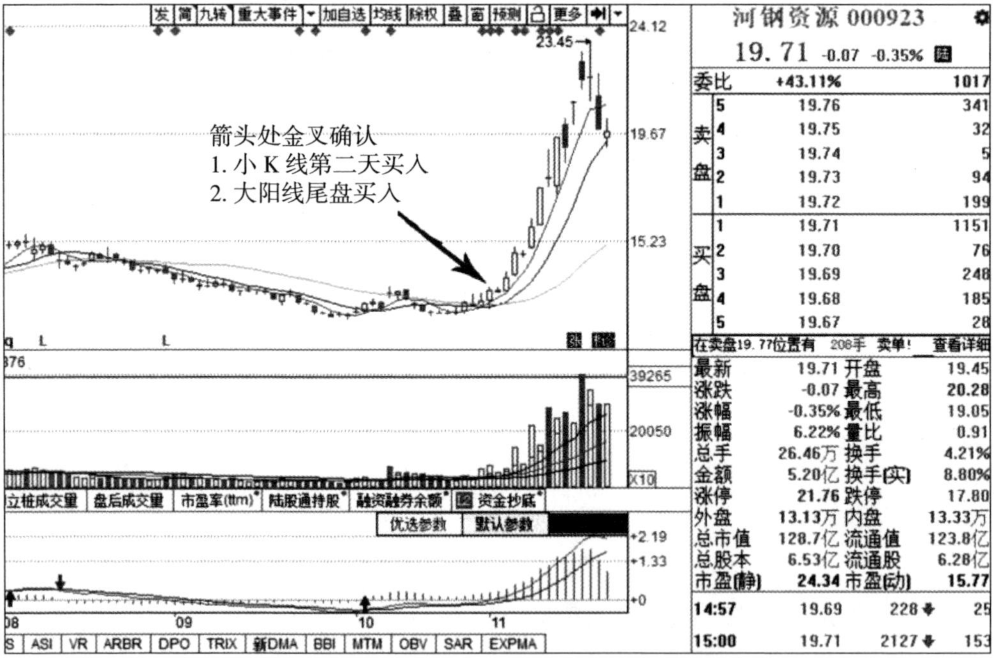

图 1-33 河钢资源（000923）K 线走势图

可不可以在金叉当日还没收盘就买进去呢？可以，前提条件是当日早盘走出涨停板或是攻击涨停拉出大阳线。下午接近收盘时，当日股价涨幅都已经有六七个点，股价再怎么跌也不可能回到原点，当天盘中就已经确认均线出现金叉，这种情况下当天盘中就可以介入。

如果均线汇聚前后都是收一些小阳线或小阴线，以时间来换空间，促使均线出现金叉，这种情况下，最好是等到收盘后确认当日均线金叉，第二天再买进。如果收盘后，当日 K 线收出了一根带有很长上影线的 K 线，那么根据收盘价来计算均线价格，跟盘中计算出来的均线价格就不一样了。均价变了，很可能盘中出现的金叉收盘后就消失了。尤其是很多人使用一些敏感指标的时候（如 KDJ 指标），经常会出现这种问题，盘中买入的时候指标显示金叉，收盘后金叉就消失了。为了保险起见，如果均线出现金叉当日大概率收小 K 线，一律在第二天买进。从这里可以看出，实战中，买入要讲究命中率、准确率。

如图 1-34 所示，华西股份（000936）K 线图中箭头和方框标示处，该股三条均线两次出现黏合，但两次均线黏合都没有形成有效的突破，更别说是在同一点形成均线金叉了。从图中也可以看出，两次均线黏合，30 日均线方向都是向下的。另外，下方对应的量能也一直保持地量状态。这种走势只能归结于下跌途中的反弹，买进就会被套。

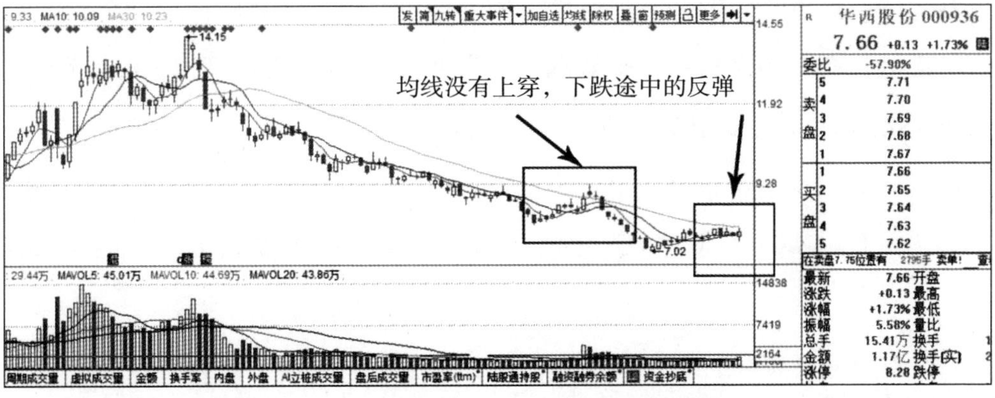

图 1-34　华西股份（000936）K 线走势图

在这里也提示一点，不要看到股价站上 30 日均线就买进，这是错误的操作。进场过早是害怕错过机会，贪婪的表现。实战中，买入不要贪，更不要急！

三军会师形态的买点其实是很好确认的，就是三线汇聚一点，然后确认股价向上拉升就买进。股价向上拉升即买点的确认是三条均线形成金叉。之所以称这种形态叫三军会师，是因为 5 日均线上穿 10 日均线，10 日均线上穿 30 日均线，两次均线上穿都形成了均线金叉，只不过两次均线金叉的位置刚好在同一个点，这样才造就了三军会师这个特殊的均线形态。

三军会师战法止盈点有以下三种情况。

（1）短线波段投资者，止盈点设在 5 日均线与 10 日均线形成死叉的位置。备用止盈点是股价跌破 30 日均线时。

（2）中长线投资者，止盈点设在股价跌破 30 日均线的位置。

（3）其他市场见顶信号。每一只股票，庄家出货的方式都不会完全相同，这里建议投资者对庄家的出货方式不要猜测。记住，只要出现市场见顶信号，如 K 线见顶信号，就可以止盈出局。

三军会师战法的止损点，原则上设在 30 日均线的位置，30 日均线一破位就出局。这里的破位指有效跌破。何谓有效跌破，这是股市里一个经久不衰的话题。在交易模式中，有效跌破分为两种：一是小阴小阳 K 线连续收在 30 日均线之下超过 5 个交易日，视为有效跌破；二是出现大阴线破位，当天就可以确认是有效跌破。如果只是一根小阴线某一两天收在 30 日均线下方，一般不算有效跌破，属于市场正常的调整，其前提是投资者要能守住自己的仓位。

在技术分析领域，有各种各样的研判方法。有的投资者只看收盘价，只要收盘价收在均线下方，就算是跌破，收在均线上方就算是突破。但是后来很多人发现这一判断标准不是特别准确，然后就根据市场走势情况，把这一判断标准修改了。例如，江恩以价格突破 3% 的涨跌幅度来判断，有的人会按照突破 2% 或 5% 来判断，这是每个人根据自己所能接受的损失来设置止损点位。有些人允许跌破的幅度大一点，有些人则把跌破的幅度控制得很严格。投资者的操作风格不一样，心理承受能力不一样，止损设置也就不一样，技术上没有固定的标准和要求。

如图 1-35 所示，锌业股份（000751）K 线图中箭头指示处出现了三军会师形态买入点。买入锌业股份之后，由于股价涨势良好，长时间没有出现卖出信号。经过一大段上涨之后，按照三军会师战法的买点买入的话，应该选在哪里止盈呢？这里提醒投资者，短线交易和中长线交易的止盈点位是不一样的。

买入之后，如果以跌破 30 日均线为止损点，止损空间是很小的。三线汇聚于一点，也就是股价刚刚突破均线的位置，所以下方的止损空间并不是很大。有些人把止损位设得很宽泛，比如止损设在亏损 20 个点以上。股价下跌 20 个点的话，跌幅已经很大了。如果买入之后坚守仓位，股价真的跌了 20

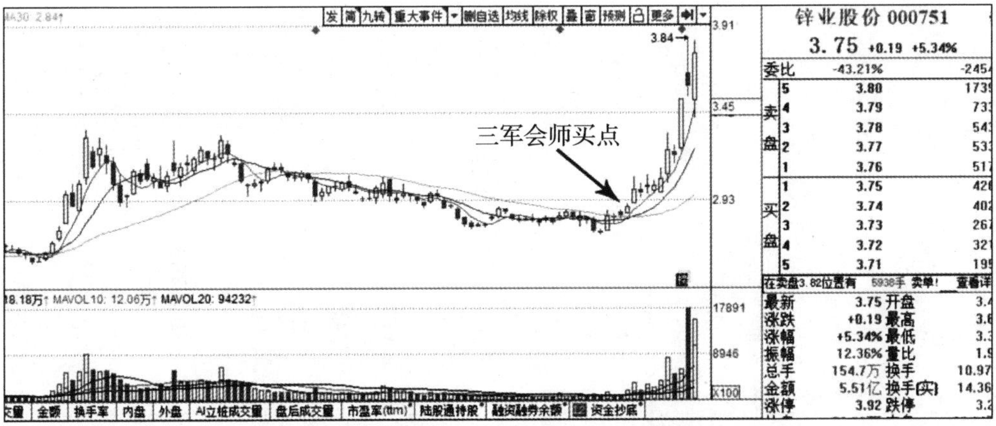

图 1-35 锌业股份（000751）K 线走势图

个点，可能会超出投资者的心理承受范围。在这种情况下，投资者可能又不愿意止损了，因为损失太大，这样就容易把短期仓位做成中长线仓位，所以这种止损方法是没有意义的，因为止损空间太宽泛了。以跌破 30 日均线止损，一般情况下是合理的，只要股价跌破了 30 日均线，基本上后期行情大概率就要往下运行了。

如图 1-36 所示，沈阳化工（000698）K 线图中，该股以涨停形式突破 30 日均线，形成一个极强的三军会师形态。遇到这种形态，无须多言，就是盘中直接买进。不出所料，突破买进后，该股连续涨停。在极强的走势中，投资者要敢于持仓，抓住利润，要让利润像脱缰的野马一样去驰骋，绝不要早早止盈离场，不然后面丰厚的利润就吃不到了。如果是短线波段投资者，止盈应设在 5 日均线和 10 日均线死叉的位置。

真正的死叉是 5 日均线下穿 10 日均线，同时两条均线的方向都是向下的，这是死叉的标准定义。可能有人会把 5 日均线与 10 日均线交叉全部看成是死叉，包括 5 日均线向下、10 日均线向上的交叉，这样的判断标准是不准确的。

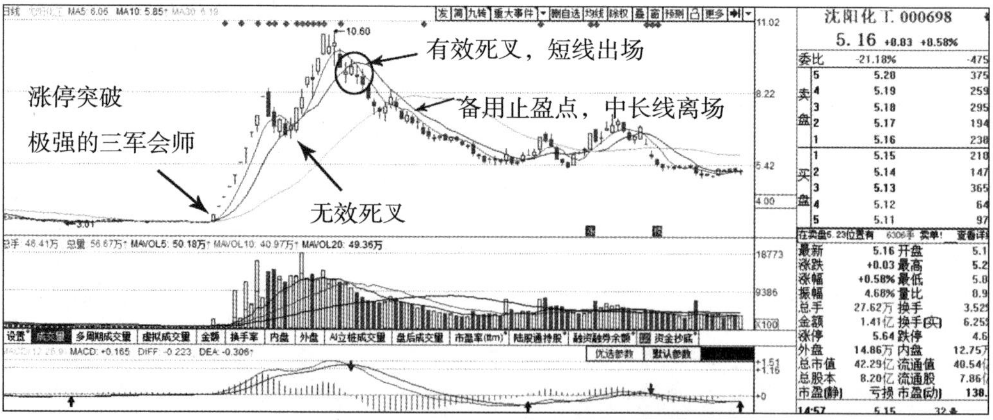

图 1-36　沈阳化工（000698）K 线走势图

图 1-36 中标注了一个 5 日均线和 10 日均线的无效死叉。均线代表的是两股力量，一股力量向上，一股力量向下，这能算是死叉吗？这只能说是市场中两股力量产生了一定的分歧，算不上死叉。但只要出现符合标准的死叉形态，如图 1-36 中标注的有效死叉，短线波段投资者就要止盈出场。

图 1-36 中还标注了一个备用的止盈点位，就是股价有效跌破 30 日均线的位置。为什么标注这个备用的止盈点位呢？这里牵扯到一个问题，在一波大幅度的上涨行情中，很多股票会出现 5 日均线下穿 10 日均线的情况，但其中并不都是均线死叉，只是普通的均线交叉。由于止损位设在均线死叉位置，均线交叉不卖出的话，万一均线交叉后股价一路下跌怎么办，投资者不能把好不容易赚到的浮盈利润再还给市场吧？所以实战中有必要设置一个备用止盈点，即股价跌破 30 日均线时。当股价跌破 30 日均线，投资者的浮盈利润会回吐一部分，但仍能保住大部分盈利，这是设置备用止盈点的意义所在。

再回到锌业股份（000751），如图 1-37 所示。在前一个三军会师形态的买点买进后，中途出现了两个假的均线死叉。仔细观察，均线交叉时 10 日均线还是向上的，图中出现这样的均线交叉信号不要卖出股票，应继续持有。但是假的均线死叉并不代表股价就不会下跌。从图中可以看到，第二个假的均线死叉后，股价有效跌破了 30 日均线，股价运行到这里，代表一个完整的波段行情真正结束，这时备用止盈点就派上了用场，股价跌破备用止盈点时，就应该获利出局。虽说这样操作没有卖在最高点，同时又多浪费了几天时间，但是如果不这样操作，万一后期股价又往上拉升一波，后期上涨的利润就吃不到了。

波段操作有波段操作的原则，有所失才会有所得。实战操作注重的是盈亏的质量，而不是盈亏的数额。追随趋势是分析师所说的话，执行信号指示才是操盘手该做的事。

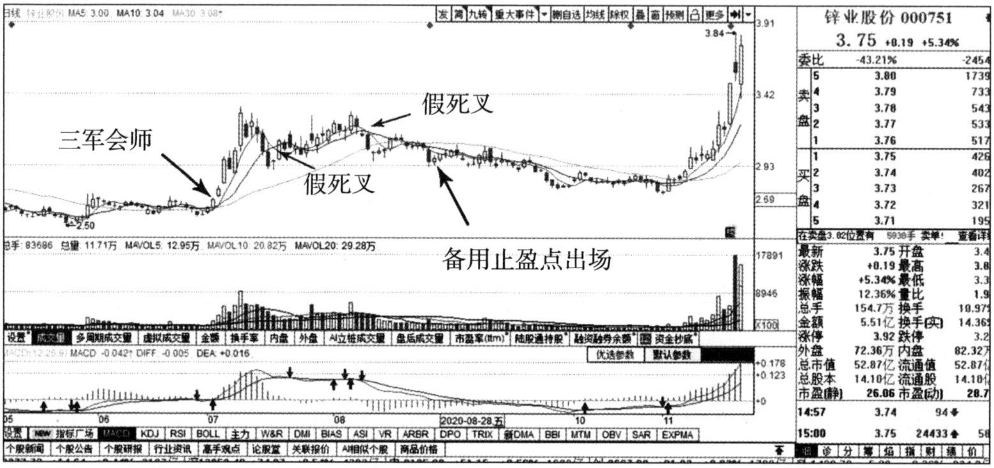

图 1-37　锌业股份（000751）K 线走势图

三军会师战法是根据三条均线黏合交叉来操盘的，卖点也是根据三条均线的走势形态来确定的。中线投资者在股价跌破 30 日均线时是一定要出局的，但是如果能够根据其他股价见顶信号，比如 K 线形态出现墓碑线、倾盆大雨、穿头破脚等高位见顶信号，止盈出局也是可以的。每个庄家高位出货的方式不完全相同，退出信号也多种多样，这里就不再赘述了。

如图 1-38 所示，高鸿股份（000851）K 线图中，该股走出了三军会师形态。对于该股后市的走势，投资者可以跟踪观察并尝试分析该股的止盈点和止损点。

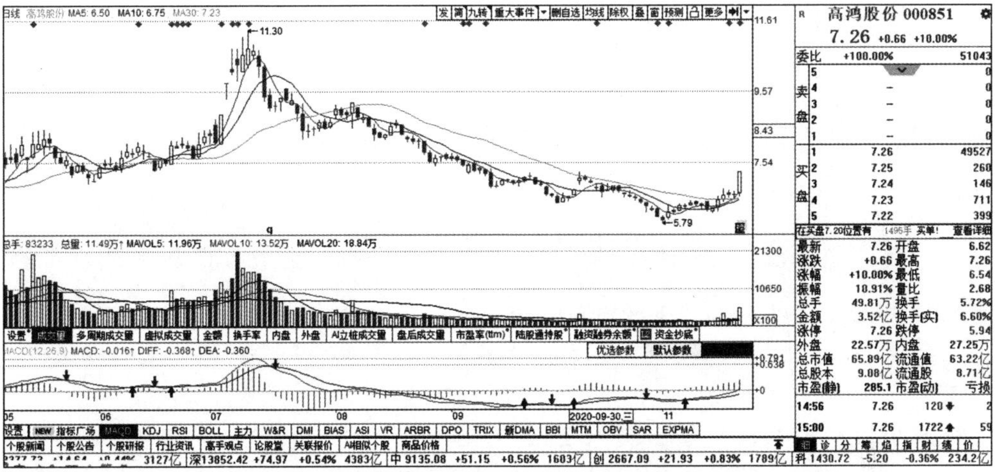

图 1-38 高鸿股份（000851）K 线走势图

第三节 一箭三雕战法

一、基本形态及原理

一箭三雕战法是一个实战效果非常好的股市战法，一般来说，只要大盘环境不是太差，一箭三雕战法的准确率在 90% 以上，而且很有可能抓到的是翻倍或是翻两三倍的大牛股。

现实生活中，经常听到一石二鸟或是一箭双雕这样的成语，比喻一个谋略非常好，能够获得超出常规的效果。

一箭三雕这个词是笔者给这个战法取的名字，该战法也是笔者多年操盘总结出来的。这个战法与笔者以前出版的《八大涨停板战法》一书中的三级跳抓涨停战法类似，都是庄家拉升股价前的“三板斧”操作。

一箭三雕战法有以下两个基本特点。

（1）一箭三雕是强势的 K 线启动形态之一。

（2）一箭三雕形态在 A 股市场出现的次数不多，一旦出现，后市上涨概率极大。

一箭三雕战法对于个股走势的技术要求比较高，因此在市场中出现的次数也比较少，一旦出现，股价后市上涨的概率是非常大的，投资者要尽可能抓住机会。

这个战法很容易理解，在 K 线走势图中，短期内股价在一个整理平台上振荡，前后多次出现涨停，如果一条水平线能够将三个涨停板串起来，就构成了一箭三雕形态，如图 1-39 所示。

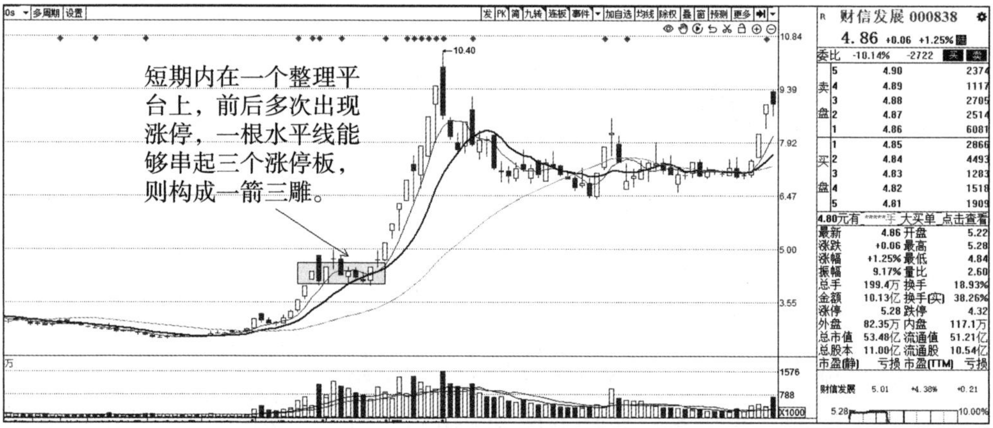

图 1-39　一箭三雕形态图例

笔者第一次应用一箭三雕战法，是在当年备受关注的暴风退（300431）这只个股上，如图 1-40 所示。虽然这只股票目前已经退市，但是笔者依然记得当年经历的辉煌一战。

暴风退（300431）的股价经过 A-B-C 三浪下跌后，短期内跌幅巨大，股价有强烈的反弹要求。在股价跌无可跌之际，市场在低位企稳，形成了一个小的整理平台。一箭三雕战法对于整理平台有一定的要求，即股价处于底部或是阶段性低位，在此处相隔不远先后多次出现涨停走势。

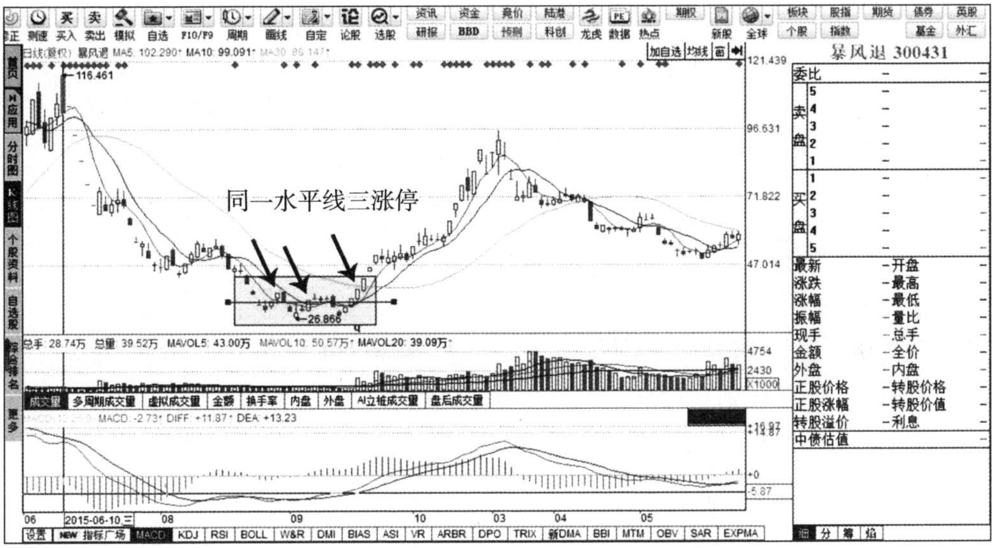

图 1-40　暴风退（300431）K 线走势图

下面来看一下暴风退（300431）一箭三雕走势形态的放大图形，如图 1-41 所示。图中标注的 A、B、C 三根 K 线都是涨停 K 线，图中画出的水平线刚好通过 A、B、C 三根 K 线。第一个涨停 K 线 A 由于是跳空涨停，所以跳空缺口也是属于该涨停板的。这个涨停 A，前一天是阴线，收盘价在复权的情况下是 80 元，第二天高开涨停，开盘价是 83 元，虽说当天有下影线，但是缺口也没有回补，最低价是 80.8 元，这个缺口很隐蔽，因为这是阴线与阳线之间的缺口，不像阳线与阳线的缺口一下就能看出来。第一个涨停 K 线 A 出现之后，第二个交易日又拉出了一个涨停。紧接着出现了两个跌停 K 线，这两次深幅回调，吃掉了两次涨停的所有涨幅。K 线 B 涨停之后，涨停阳线后面收出顶部三颗星，随后同样也是连续跌停，主力再一次大幅度回调洗盘。但是对于走势不要绝望，C 点涨停板出现的时候，就构成了一箭三雕形态。

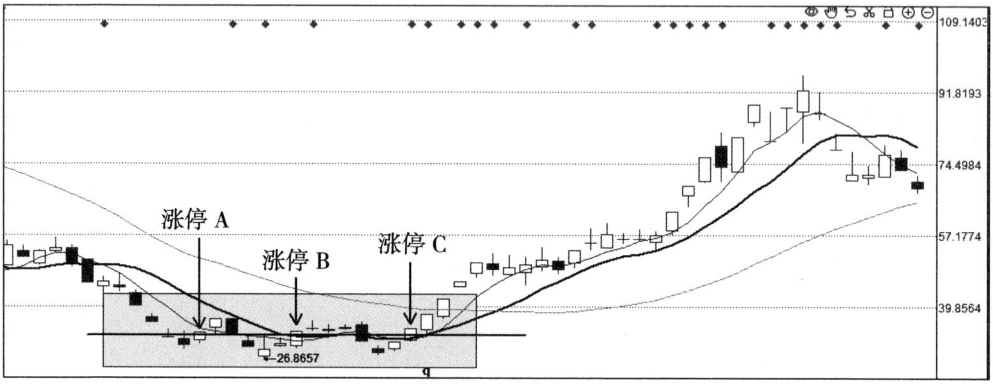

图 1-41　暴风退（300431）一箭三雕走势形态

在一个横向振荡的调整平台里，出现强拉、强洗、强回调的 K 线组合，这是主力强势吸筹、强势洗盘、强势拉升的最强走势形态，后期一般都是强烈看涨的。从图 1-41 中可以看到，在 C 点出现涨停之后，后面都是连续涨停拉升。股价启动强势拉升时如果能够买入，轻轻松松就能做到收益翻倍。主力将股价拉到一定高度后，一根跳空高开大阴线回杀，之后在阴线位置构筑了一个横向整理平台。盘整结束后，股价突破盘整平台，接着涨势再起，又走出了连续涨停板，股价短时间内翻了两三倍。

图 1-42 和图 1-43 所示的财信发展（000838）、南天信息（000948），也都走出了一箭三雕 K 线形态，股价短期内都走出了连续大幅拉升走势。

像这种短期翻倍的个股，是大家梦寐以求的股票。每次大盘见底后，很多大牛股都是以一箭三雕的方式启动的。投资者如果能早一些掌握一箭三雕战法的话，就能早一些获取收益。

讲到这里，很多人可能对一箭三雕战法掌握得还不够到位，接下来详细归纳一下一箭三雕战法的技术要点。

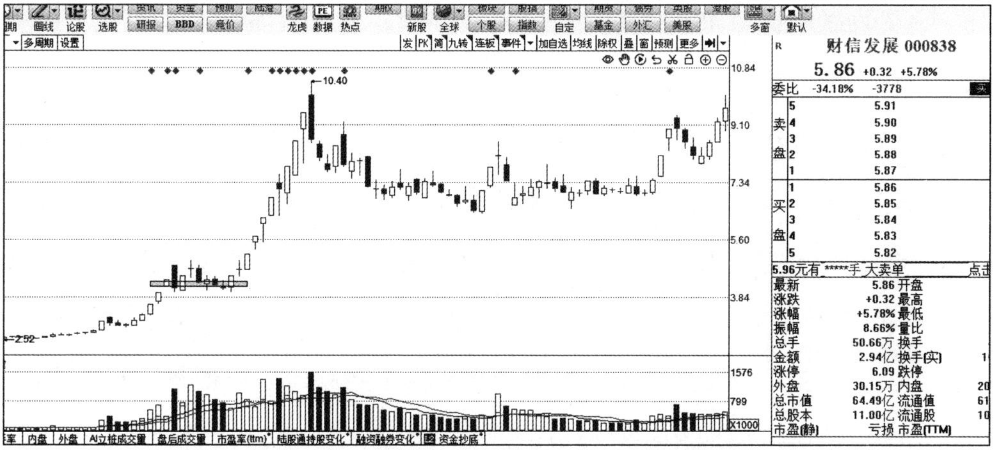

图 1-42　财信发展（000838）K 线走势图

图 1-43　南天信息（000948）K 线走势图

（1）一箭三雕形态成立的前提条件是股价一段时期处于振荡整理走势，最好处于底部或阶段性底部。

（2）一根水平线横穿三根涨停 K 线。

（3）三根涨停 K 线出现的时间原则上不超过 20 个交易日，相邻两个涨停板之间的间隔最好是 5 个交易日左右。

（4）为了确保每个涨停板都是吸筹涨停板，最好每根涨停 K 线后面接有阳线，否则涨停阳线为主力出货的概率较大。

一箭三雕战法买入时有一个前提条件，就是大盘和个股处于中低位振荡整理阶段，最好是底部或者是阶段性底部。总之，绝对不能是在大盘筑顶阶段。一箭三雕形态在任何一个位置都有可能出现，比如在大盘冲顶的 6124 点和探底的 1664 点，这两个不同时期出现一箭三雕形态，后续走势能一样吗？其实，只要股价不是处于很高的位置，实战中就可以接受。

整理平台可以出现在相对高位，但最好不要有太多的获利盘。如果股价已经涨了两三倍，出现这样的整理平台，有没有可能是主力吸筹再次向上拉升呢？一般来说这种可能性几乎为零，哪个主力会在股价已经涨了两三倍之后才开始吸筹呢？

总之，一箭三雕形态出现的位置，应该是阶段性底部或者上涨中继位置的强势整理平台。

一箭三雕形态中，一根水平线要横穿三根涨停 K 线，这三根涨停 K 线的价位要大体相同。除了价位相同，对这三根涨停 K 线出现的时间也有要求，也就是说，横穿涨停 K 线的这根直线不是随便画出来的。如果画出一条直线，这条直线穿过了三根涨停 K 线，但是这三根涨停 K 线出现的时间横跨了好几个月，那么一箭三雕形态是不成立的。

一箭三雕形态对三根涨停 K 线出现的时间段有要求，一是这三根涨停 K 线首尾间隔的时间最好不要超过 20 个交易日，二是两根涨停 K 线之间不超过 10 个交易日，最好间隔 5 个交易日左右。如果间隔时间过长，市场的热度就会变冷，其后再走出快速大幅拉升行情就很困难了。这和交朋友相似，最好的朋友肯定都是经常交流的，如果半年都不通一个电话，那么这个人肯定不是朋友圈中排在核心层的朋友，股票也是如此。涨停是主力所为，仅靠散户的力量很难拉出涨停板。如果主力今年拉了一个涨停板，隔年又拉出一个涨停板，那么这两个涨停板之间有必然的联系吗？肯定没有！间隔时间长了，前后两个涨停板可能都不是一个主力所为。三个涨停板前后出现的时间不超过 20 个交易日，两个涨停板之间相隔 5 个交易日左右，这样的操盘节奏感是非常强的，主力没有将战线拉得很长，市场的热度就不会冷却。

下面来看一下 2020 年 10 月走势非常强的一只大牛股新余国科（300722），如图 1-44 所示。该股股价大幅拉升前，在低位走出了一箭三雕形态。从图中可以看到，第一个与第二个涨停板间隔 4 个交易日，第二与第三个涨停板间隔 7 个交易日，这种时间节奏非常好。总共三个涨停板，前后间隔时间加起来也不过十几个交易日，这是一箭三雕最佳走势形态。

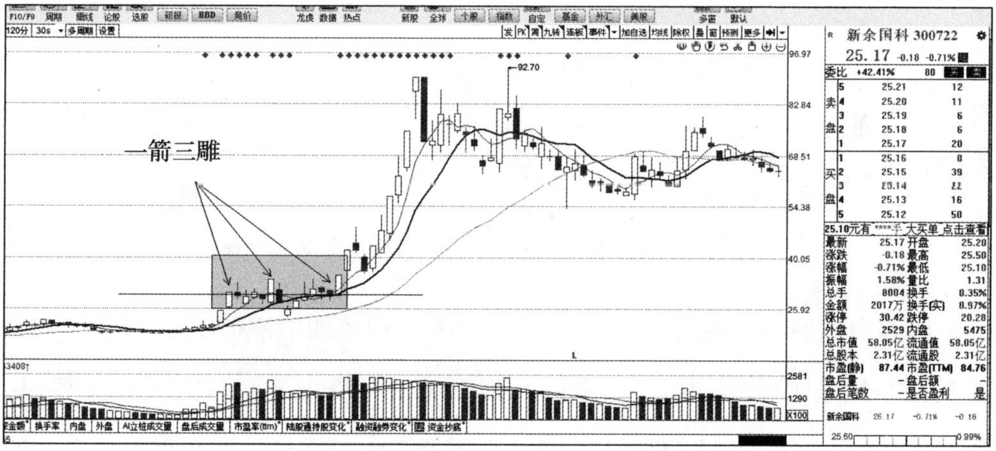

图 1-44　新余国科（300722）K 线走势图

下面再来看晶澳科技（002459），如图 1-45 所示。这只股票属于特高压新能源概念中的龙头股，可能很多人参与过该股票的炒作。笔者对这只股票印象深刻，因为当时重点关注过。

图 1-45 中画了一条水平直线，可以看到，这条直线横穿的不是三根涨停 K 线，而是四根。可以把第一、第二和第三根涨停 K 线看作一箭三雕形态，也可以把第二、第三和第四根涨停 K 线看作一箭三雕形态。第一根涨停 K 线与第二根涨停 K 线之间相隔两个交易日，第二根涨停 K 线与第三根涨停 K 线之间相隔 6 个交易日，相隔的时间很短，这是一箭三雕形态的极佳图形。

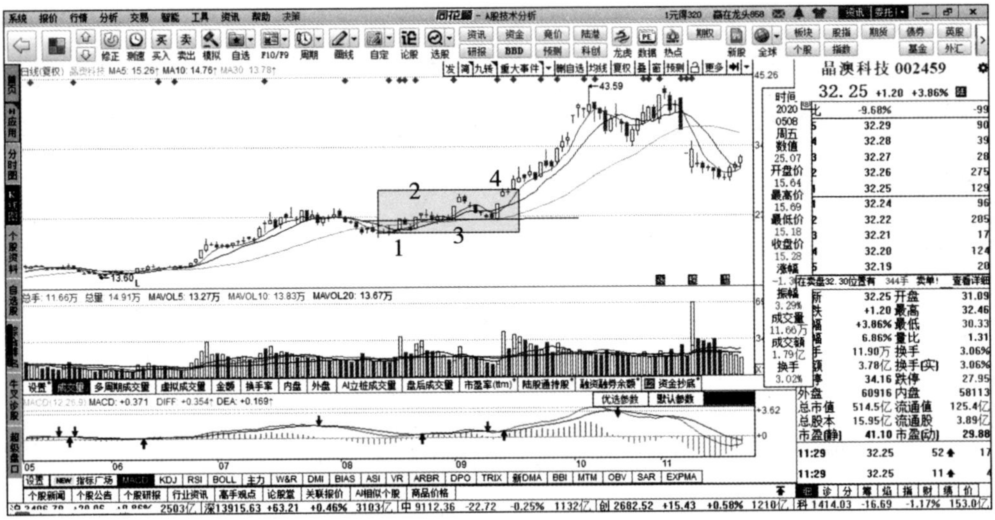

图 1-45　晶澳科技（002459）K 线走势图

如果忽略第一根涨停 K 线，把第二、第三和第四根涨停 K 线看作一个组合的话，也是可以的。第二根涨停 K 线与第三根涨停 K 线间隔 6 个交易日，第三根涨停 K 线与第四根涨停 K 线之间相隔 7 个交易日，加起来也没有超过 20 个交易日。该案例中，后一个涨停板都比前一个涨停板的位置稍高一些，这也属于非常完美的形态。

图 1-46 是 2022 年 7 月的大牛股春兴精工（002547）的走势图，图 1-47 是同一板块同一时期被大肆炒作的机器人概念股中大力德（002896），二者

当时都走出了一箭三雕形态。如果把前面三个涨停板看作一箭三雕的话，买点会更低一点。如果把后面三个涨停板看作一组的话，那么买后就坐上了主力拉升的轿子，整体买入时机是非常好的。走出一箭三雕的形态之后，股价在短期内就走出了翻倍行情。

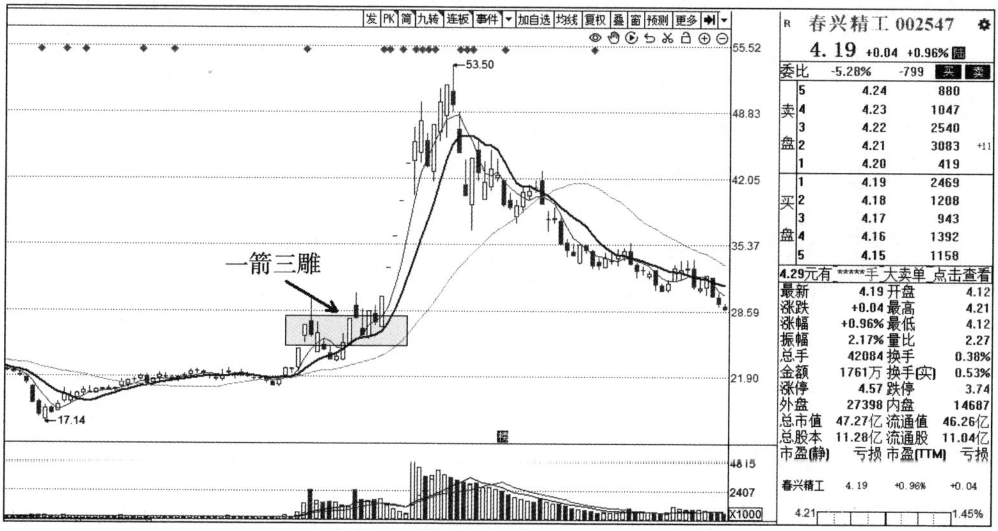

图 1-46　春兴精工（002547）K 线走势图

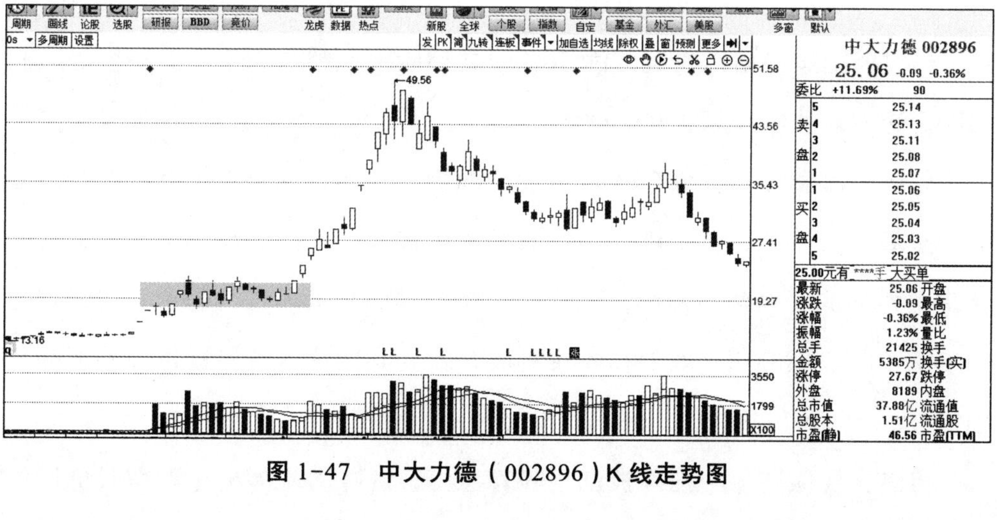

图 1-47　中大力德（002896）K 线走势图

下面再来看大港股份（002077），如图 1-48 所示。这是 2022 年 8 月走势非常强的一只大牛股。从图中标示处可以看到，股价短时间内收出两组一箭三雕形态。后面一组形态中，第一根涨停 K 线与第二根涨停 K 线之间相隔两个交易日，第二根涨停 K 线与第三根涨停 K 线之间也相隔两个交易日，这样的一箭三雕形态是非常完美的。纵观整个上涨行情，从行情开始到结束，短时间内股价翻了将近 3 倍。

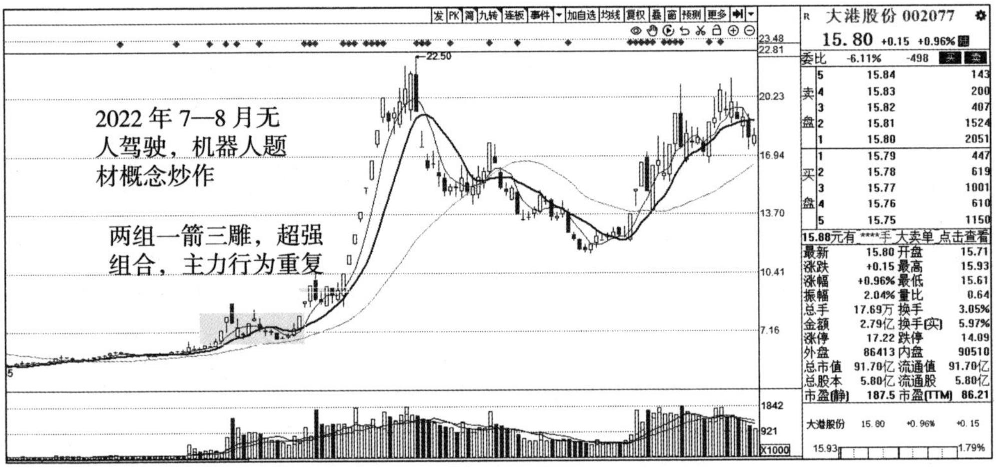

图 1-48　大港股份（002077）K 线走势图

通过以上案例可以看到，涨停 K 线之后股价调整 2 到 7 个交易日是最完美的，这是对涨停间隔时间的要求。

一箭三雕形态要求每个涨停 K 线后面接有阳线，这是为了确保每个涨停板都是吸筹涨停板，否则涨停出货的概率比较大。一箭三雕形态的市场含义就是主力强洗、强调和强拉，表明主力操盘风格非常凶狠，敢于采用强有力的手法不断收集筹码。既然是收集筹码，就要确保这些涨停板是吸筹板而非出货板。

当然，要保证每个涨停板都是吸筹涨停，意味着涨停板出现在股价低位或是阶段性底部。有了这个前提条件，基本上可以断定主力一定是在吸筹，因为没有一个庄家会在低位或阶段性底部采用强洗、强调的方式出货。但是，有些个股也会在相对高位走出一箭三雕的形态，这种情况下，如果要介入，对涨停板的质量要求就比较高了，特别是后面不能接着收出出货性质的大阴线，第二天股价最好收出上涨阳线。这种阳线是控盘阳线或者放量阳线都可以，如果涨停板后没有收出上涨阳线，大概率是出货涨停板，尤其是股价处于高位的时候，这时交易者要尽量避免介入，以免被套在高位。

下面再来看一下前面的案例暴风退（300431）一箭三雕形态的放大走势，如图 1-49 所示。A 点涨停之后，紧接着又拉出了一个涨停板，B 点之后也是接连收出了上涨阳线，而且还是控盘阳线，这表明 A 和 B 两个涨停板都是吸筹板。暴风退（300431）的一箭三雕走势形态，完全符合形态技术要求，属于标准的一箭三雕形态。

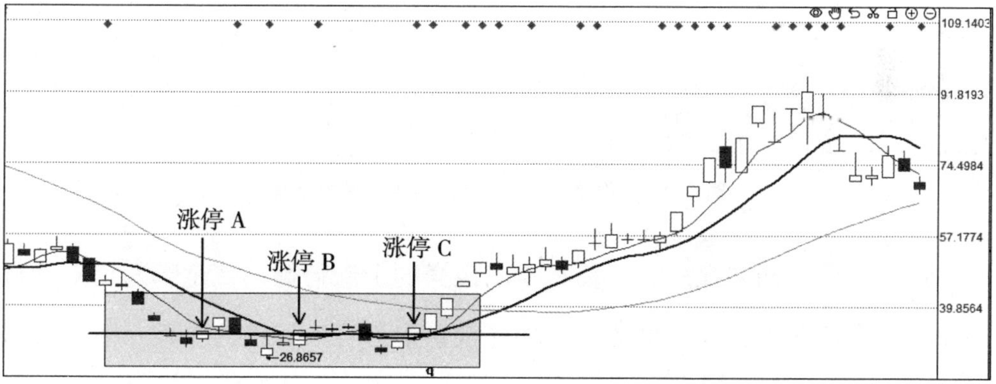

图 1-49　暴风退（300431）一箭三雕走势形态

接下来再看一个不是特别完美的一箭三雕形态。如图 1-50 所示，中京电子（002579）在 2023 年 1 月出现的一箭三雕就不是一个标准形态。为什么出现一箭三雕形态之后，该股后期没有出现大涨呢？这是因为第一个涨停板后紧接着收出了一根放倍量的阴线。虽说这根 K 线是假阴线，但终究还是阴线，同时成交量也放量了。在第二个涨停板处，下一个交易日也收出了阴线。第三个涨停板出现后形成了一箭三雕形态，如果投资者此时买进去，盘面很快出现了阴线下杀。随后股价振荡多天也没有启动上涨行情。

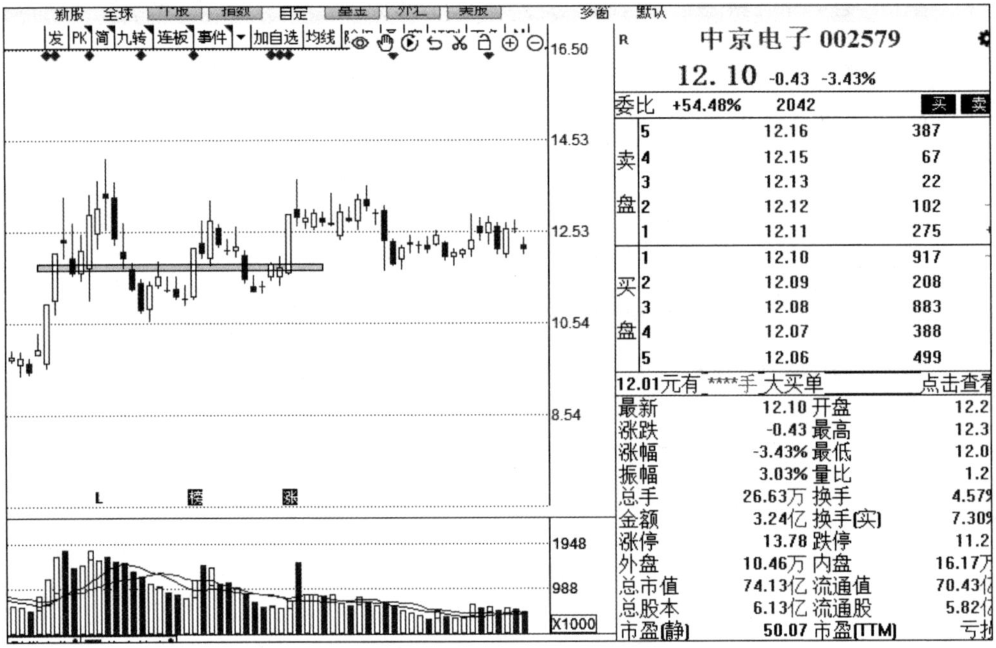

图 1-50　中京电子（002579）K 线走势图

该股走出一箭三雕形态后没有走出像样的上涨行情，就是因为它不符合一箭三雕标准形态的技术要求。后面还会讲解这种不标准的次级一箭三雕形态及交易策略。

如图 1-51 所示，金财互联（002530）在 2022 年 12 月出现的一箭三雕形态也不是特别符合形态要求。上文说过，三个涨停板之间的间隔总数应在 20 个交易日以内。该股除了涨停之后股价没有接着收出上涨阳线之外，三个涨停板之间的间隔时间也很长，总数超过了 20 个交易日，有将近 30 个交易日，不符合一箭三雕形态的技术要求。

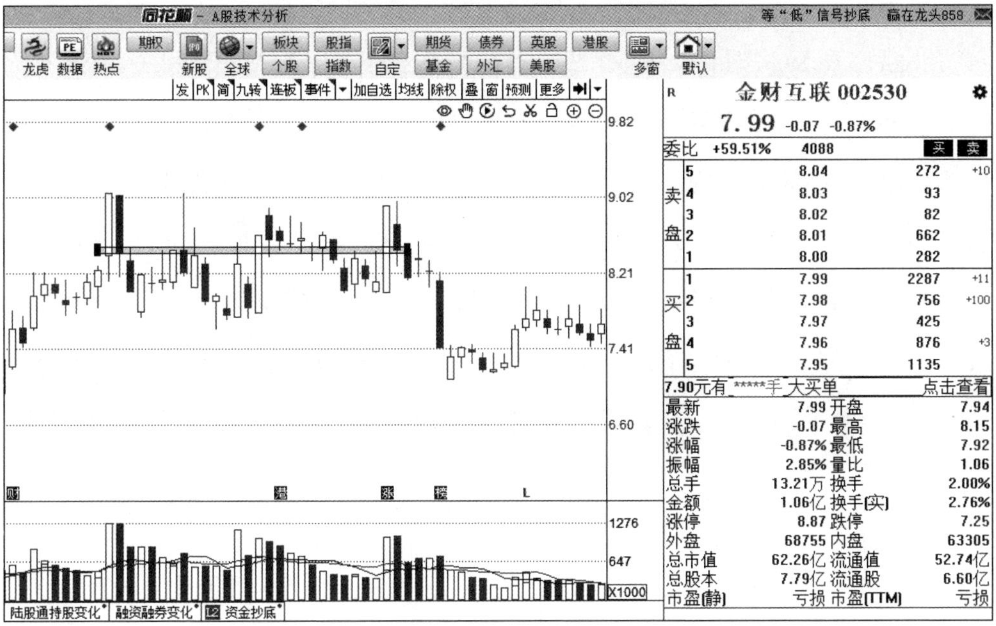

图 1-51　金财互联（002530）K 线走势图

二、战法买卖点

一箭三雕战法是不是任何时候都可以使用？它的使用条件有哪些？下面就来讲解这些内容。

一箭三雕战法的使用条件如下。

（1）在大盘整理行情和上涨行情时使用，抓牛股的概率在 90% 以上。

（2）在大盘大跌行情中，可轻仓使用，获利概率在 60% 以上。

使用一箭三雕战法时，如果大盘处于整理行情或是上涨行情，没有下跌风险，走势配合的情况下，抓住大牛股的概率在 90% 以上。因此，在大盘没有下跌风险的情况下，完全可以放心大胆地使用一箭三雕战法。

那么大盘大跌时，可不可以使用该战法呢？在大盘大跌的情况下，也是可以使用此战法的，但是交易的准确率会降低，获利的空间也会降低。

大盘出现暴跌时，如果还想着有股票天天拉涨停，短时间内就涨个两三倍，肯定是不切合实际的。但是大盘大跌时，如果某些个股在低位或者是阶段性低位出现强洗、强调的一箭三雕走势形态，表明这是一只强势庄股，投资者可以适当介入。因为大盘大跌，这只股票反而在上涨，可以肯定有强庄控盘。那些没有庄家主持大局，只有散户成交的个股，在大盘回调时，个股基本上都是下跌的。当然，在大盘弱势的情况下，要注意介入的方法，原则上可以轻仓买进，这比买入其他股票来说，获利概率还是相对大一些的。

懂得了一箭三雕战法的使用环境之后，接下来就要知道如何买进，如何设置止损点。

一箭三雕形态有以下两个买点。

（1）标准形态的一箭三雕形态确立后，第二天可直接买入。

（2）一箭三雕形态中，第三个涨停板在盘中快要封板时，根据当日走势判断其大概率要封板，可以追买进去。

一箭三雕战法除了上述两个买点外，还有以下两个加仓点。

（1）股价突破整理平台高点时可以加仓买入。

（2）股价缩量回踩涨停板启动点，受到支撑后可以加仓买入。

一箭三雕形态中，股价突破整理箱体后，是不允许再回到箱体内部的，主要原因是一箭三雕形态启动前期，主力已经充分吸筹，而主力操盘风格又十分凶悍，一般形态完成后都是直接拉升股价。除非遇到大盘大跌，股价可能需要进行二次启动。第二个加仓点在大盘走势非常弱时才会出现。

如图 1-52 所示，新余国科（300722）形成一箭三雕形态并突破整理平台后，出现了回踩加仓点，随后出现了夹板停板形态。关于夹板停板战法，下一节具体讲解。

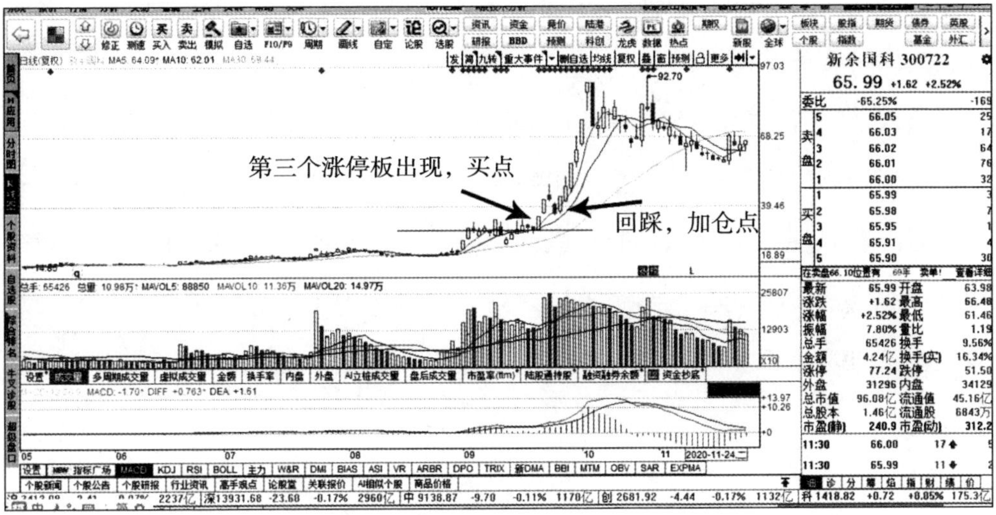

图 1-52　新余国科（300722）K 线走势图

一箭三雕战法的止损点是前期整理平台的下沿，股价有效跌破时执行止损。

通过以上讲解，读者可以明白一箭三雕战法确实是捕捉大牛股的好战法，但低位走出一箭三雕形态的股票可遇不可求。小兵易得，大将难求。投资者寻找的目标是标准的一箭三雕形态，那么形态上稍微差一点点可不可以操作？笔者认为也是可以的。如果非要等待标准的一箭三雕形态，实盘中确实很难出现，因为一年中走出这种形态的股票也就两三只，交易机会非常少。退而求其次，也可以介入一箭三雕形态差一点的股票。

那么一箭三雕形态到底差多少可以接受，是否需要什么辅助条件呢？

某只个股在整理区域出现三根 9% 或者 8% 的大阳线，比涨停差了那么一点也可以，或者三根涨停 K 线无法被一条直线穿过，K 线所处的位置不够好，或者三个涨停板之间间隔的时间过长，实战中可以把这些稍微差一点的一箭三雕形态称为一箭三雕次级形态，只是这些形态在行情启动后，其上涨力度明显不如标准的一箭三雕形态。读者可以参考一箭三雕战法进行操作，只是交易中要更加谨慎。

那么，一箭三雕次级形态该如何操作呢？主要有以下几点技术要求。

（1）涨停位置稍微差一些，比如某个涨停板无法被水平线穿过，差了一点。形态可以不完美，但是要有其他更强的表现来弥补形态上的不足。对于次级形态，最多只能有一两个不足之处，不能这里不足，那里也不足。形态多处都不满足技术要求，实战中一定要放弃。不足之处太多的话，操作成功率就很低。

（2）如果走出一箭三雕次级形态，这个时候大盘走势力度很强，也是可以接受的，一般来说买入也是可以获利的。如果个股概念很火爆，炒作人气很旺，不是那种冷门股，也是可以接受的。如果次级形态的量堆表现很好，也可以纳入操作的范围。

（3）涨停板可能是出货板，后面继续收出放量阴线（收出缩量阴线可视为正常调整），实战操作中就要注意防范风险，走势不符合预期，要及时止损出局。

（4）出现一箭三雕形态的整理平台位置有些偏高。标准形态要求是在低位或者阶段性底部，但有的主力在拉升股价时，喜欢做一个整理平台之后拉升一波，然后调整一下，股价调整幅度不深，做一个强势整理平台，之后接着拉升。在横向整理平台位置出现一箭三雕形态，就属于相对高位出现的一箭三雕次级形态。

只要是次级形态，一定会有不足之处，但是只要有其他更强的表现来弥补这些不足，实战中都是可以接受的。

下面来看一下一箭三雕次级形态的实战案例。

如图 1–53 所示，金山股份（600396）在 2020 年 11 月 12 日至 2020 年 12 月 15 日，走出了一箭三雕次级形态。

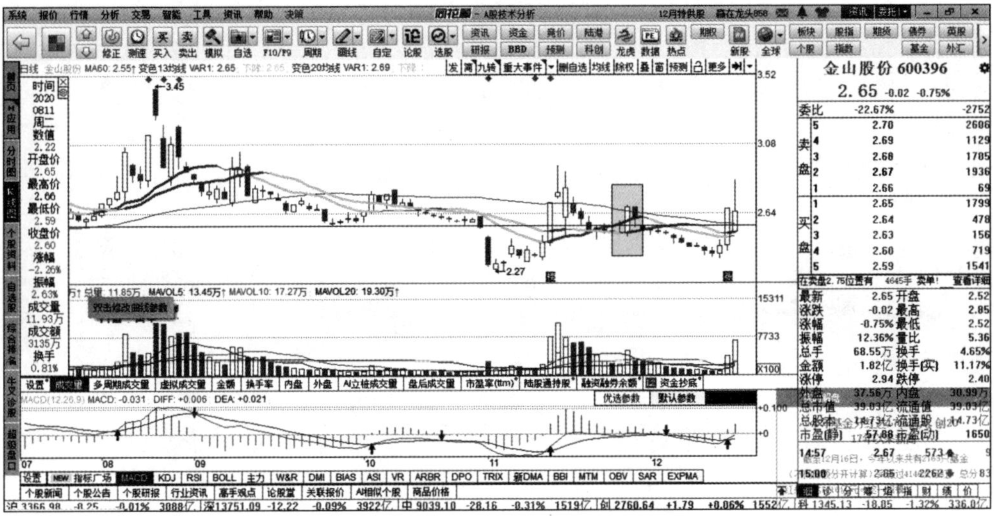

图 1–53　金山股份（600396）K 线走势图

这个次级形态有以下三个特点。

第一，11 月 12 日和 12 月 15 日分别收出涨停板，但中间一个不是涨停板，只是一根大阳线。

第二，中间大阳线紧接着一根阴线，说明当天有筹码出逃。

第三，第一个涨停板和最后一个涨停板之间的时间跨度过长，三个涨停板时间跨度远远超过了 20 个交易日。

以上三点说明该一箭三雕形态是一个次级形态，因多处不满足标准形态要求，因此放弃此次操作。

如图 1–54 所示，宁波海运（600798）的 K 线走势图中，一条水平线穿过了三个涨停板，这一点符合一箭三雕标准形态要求。三个涨停板出现的时间区间在2020年11月9日到11月20日，三个涨停板前后只用了10个交易日，这一点也符合一箭三雕形态要求。

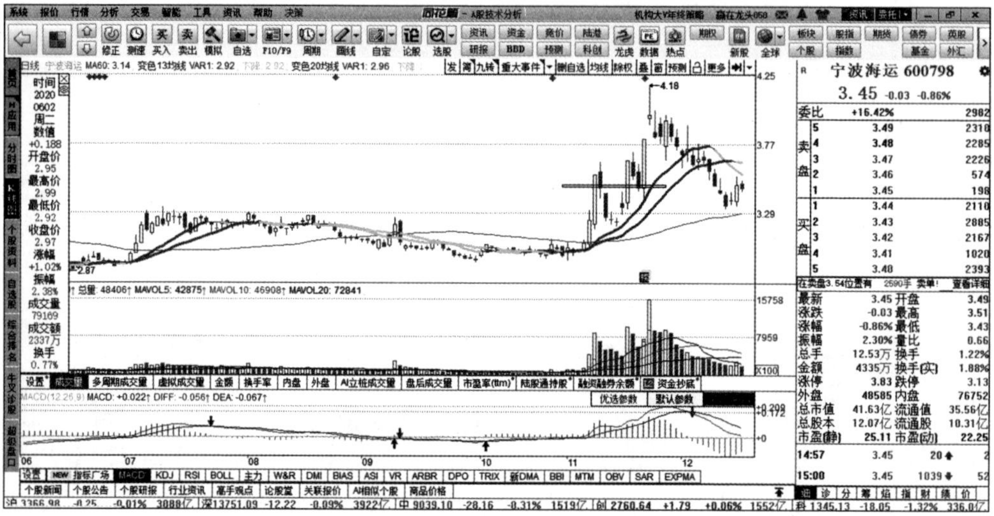

图 1-54　宁波海运（600798）K 线走势图

该股一箭三雕形态有哪些不尽人意之处呢？

第一，形态所处的位置偏高，不是处于低位或阶段性底部。

第二，第一个涨停板和第二个涨停板之后紧接着收出的是阴线而非阳线，有资金出逃的嫌疑。

如图 1-55 所示，东安动力（600178）的 K 线走势图中，一条水平直线横穿三个涨停板，涨停板之后紧接着是阳线，这都符合一箭三雕标准形态的要求。美中不足的是，第一、第三根 K 线都是涨停板，但第二根 K 线不是涨停板，只是一根大阳线。另外，前面两根涨停 K 线之后，市场调整的时间过长，三根涨停 K 线的时间跨度远远超过了 20 个交易日。

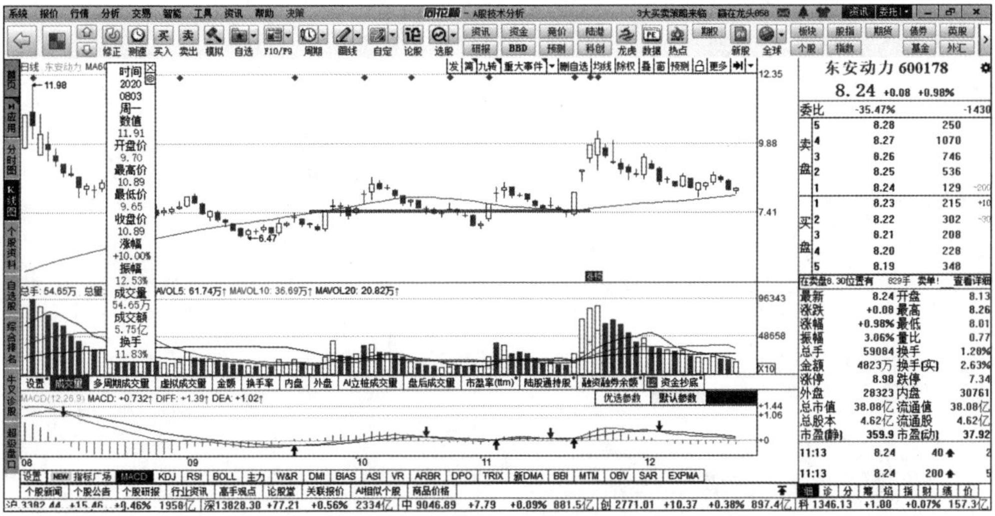

图 1-55　东安动力（600178）K 线走势图

一箭三雕次级形态在市场上出现的频率比较高，这里不再多举例子。图 1-56 和图 1-57 两个案例留给读者思考，是否符合一箭三雕标准形态，不再一一分析。

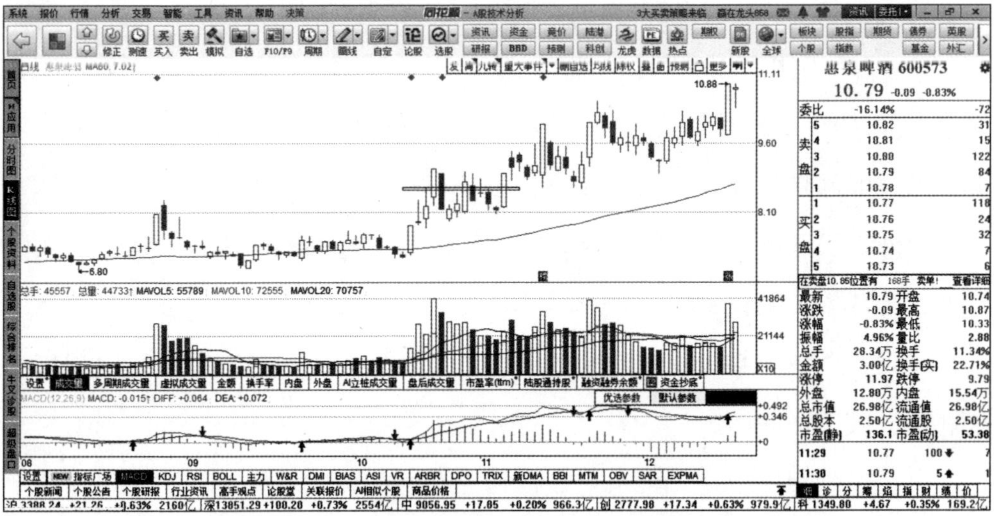

图 1-56　惠泉啤酒（600573）K 线走势图

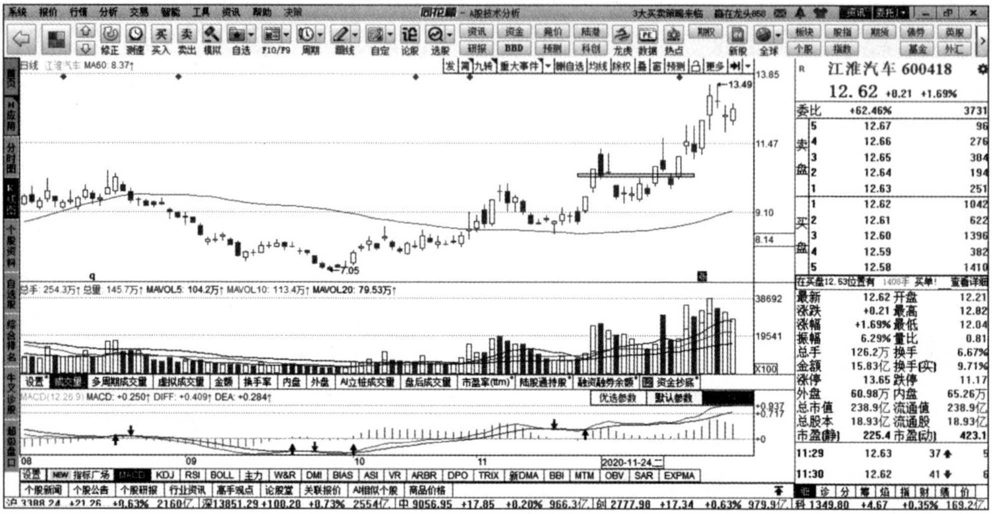

图 1-57 江淮汽车（600418）K 线走势图

2020 年，证监会修改了涨跌停板规则，将创业板以及后来设立的科创板股票涨跌停幅度限制提高到 ±20%。涨跌停板规则修改之后，一箭三雕战法是否还有效呢？下面来看一个案例。

如图 1-58 所示，晨曦航空（300581）K 线走势图中，第一根大阳线涨幅达到 18 个点，第二根大阳线涨幅为 15 个点，虽说它们都不是涨停板，但远远超过了 10% 的上涨幅度。第三根大阳线是标准的 20 个点涨停，大阳线之间的调整时间也在标准范围之内。

另外，观察形态对应的量堆，放眼望去也是红通通一片，阳线的量能以绝对优势压倒了阴线量能。美中不足的是，第一根大阳线过后出现了大阴线。但即使这样，后市也拉出了不小的涨幅，可以看出，一箭三雕战法对于创业板和科创板同样适用。

以上所举案例都是一条水平线横穿三个涨停板的不完美形态，下面这个案例则是水平线没能穿过第一个涨停板的一箭三雕次级形态。

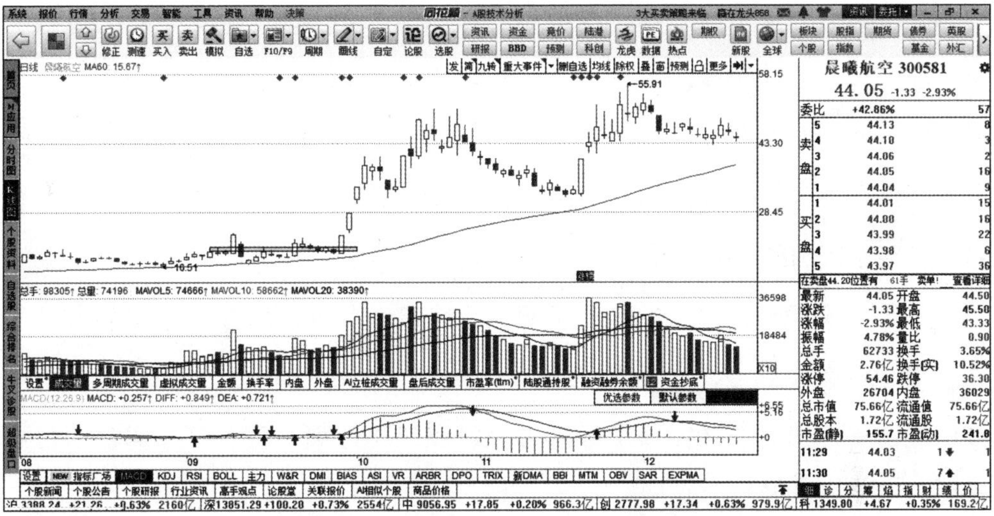

图 1-58　晨曦航空（300581）K 线走势图

如图 1-59 所示，厦门银行（601187）K 线走势图中，虽然前两个涨停板后面出现了阴线，但是股价位置极低。该股属于上市新股，新股上市后股价没有出现暴拉，未来的上涨空间没有被透支。上市首日大涨之后，经过充分

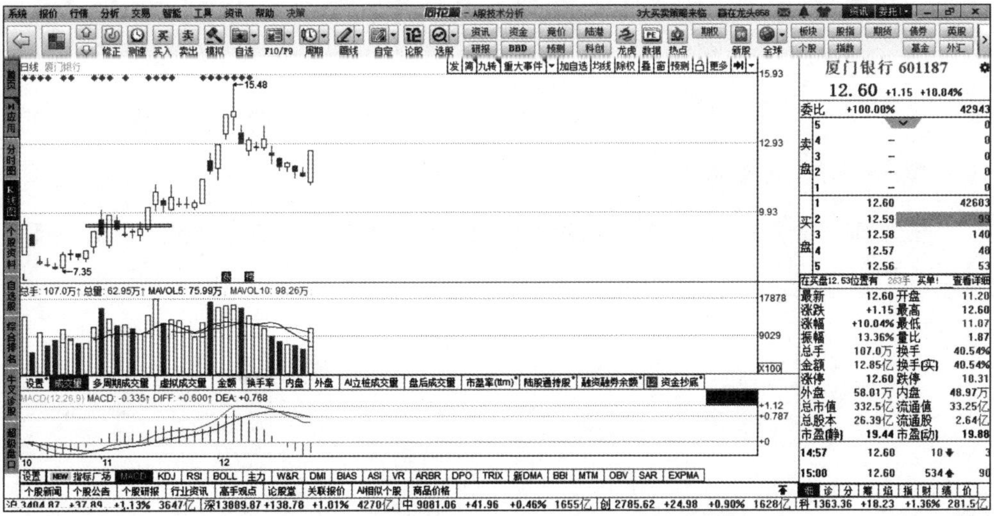

图 1-59　厦门银行（601187）K 线走势图

回调，K 线走出了一箭三雕次级形态。虽说是次级形态，但是出现的位置极低，涨停板之间的调整时间很短，而且该股也是 2020 年 11 月被市场炒作的热点银行板块。虽然形态上有一些美中不足，但是在其他方面获得了弥补，这就形成强弱互补局面。从图中可以看出，该股走出一箭三雕次级形态后，后市出现了凌厉的上攻行情。

在所有的不足条件里，大盘环境这个因素很重要。大盘表现强势，别说是一箭三雕次级形态，就是再不起眼的股票，也会跟随大盘上涨，因为市场会出现普涨行情。一箭三雕次级形态虽说在技术方面表现差了一点，但仍然是很强的上攻图形。

大盘表现强势这个外部条件，是其他因素比如个股属于热门股，形态出现的位置较低等因素无法相比的。

一箭三雕次级形态买入技巧与标准形态一样，不管是买点还是回调加仓点抑或是突破加仓点，都遵从标准形态的操盘规则。二者虽说买入方法一样，但是在操作策略上略有不同。标准的一箭三雕形态之后，股价往往是直接启动大涨，因此可以一次性重仓买入。但是次级形态就不能那么操作了，当形态不够完美时，要分批建仓，多次买入，即便遇到股价意外走跌或者热点炒作退潮，都可以轻松应对。

在一箭三雕标准形态中，没有回踩振荡平台上沿受支撑这个买点，但是次级形态有可能会出现这样的买点。

第四节　夹板停板战法

一、基本形态及原理

夹板停板是指两股强大的做多力量以铁钳的方式紧紧夹住空头，把空头力量彻底消灭，让空头的希望彻底破灭。两股强大的多头力量对付一股空头力量，多头可以轻易战胜空头，一切尽在掌握之中，后市走势表现肯定朝着多头的方向前进。

1. 形态特征

（1）股价处在下跌末端或相对低位。

（2）某日股价收出涨停板，随后股价在涨停板实体内回调一到两天，收出小阴小阳 K 线或十字星 K 线，随后股价再一次收出涨停板。

2. 市场机理

（1）股价下跌末期，个股出现涨停是转势行为，表明有主力在利用涨停板收集筹码。

（2）次日股价回调，利用人心不稳的特点，主力再一次收集恐慌盘抛出的筹码。

（3）第三或第四日股价再次涨停，表明庄家已经迫不及待地要发动上攻行情，说明下跌动能枯竭，市场已积蓄足够的上涨动能。第二次出现涨停板，表明股价走势已经发生了质的变化，下跌趋势已经发生改变，市场进入上涨阶段。

3. 操作要点

（1）在首板或者次日回调时少量参与，并设好止损点。

（2）在后一个涨停板出现时果断重仓参与。

（3）以中短线操作为主。

4. 注意事项

（1）这种战法操作成功率为 95%。

（2）注意此法则与一箭三雕战法的共同点。

二、案例分析

如图 1-60 所示，精华制药（002349）在 2021 年底至 2022 年初的一段时间内股价翻了 4 倍，当时因新冠疫情持续发酵，医药板块被大幅炒作。

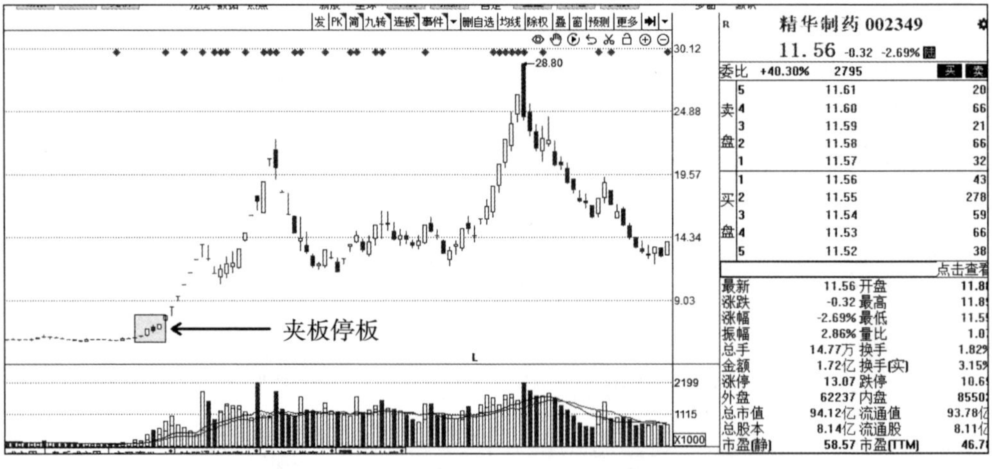

图 1-60 精华制药（002349）K 线走势图

此前该股股价一直在 6 元左右盘整，股价处于相对低位。这种小阴小阳线夹杂的低位箱体振荡式 K 线组合，是主力悄悄收集筹码的表现。

2021 年 12 月 22 日，股价以涨停板的方式实现了旱地拔葱式的突破，把前面的小阴小阳线全部踩在脚下，这是市场启动上攻的信号。12 月 23 日，股价遭到空方力量的打压而下跌，当日收出一根阴 K 线。螳螂捕蝉，黄雀在后。12 月 24 日，该股又拉出了一个涨停板，这使得市场在这三个交易日的 K 线走势组合形成夹板停板走势形态，说明市场仍然牢牢地掌握在多方手中，后期股价仍将持续上涨。

2022 年 3 月，地产板块集体出现了大幅上涨，天保基建（000965）在 2022 年 3 月 11 日率先走出涨停板，成为带领地产板块上攻的急先锋，如图 1-61 所示。在大盘走势非常弱势的时候，该股为投资者提供了积极介入的机会。

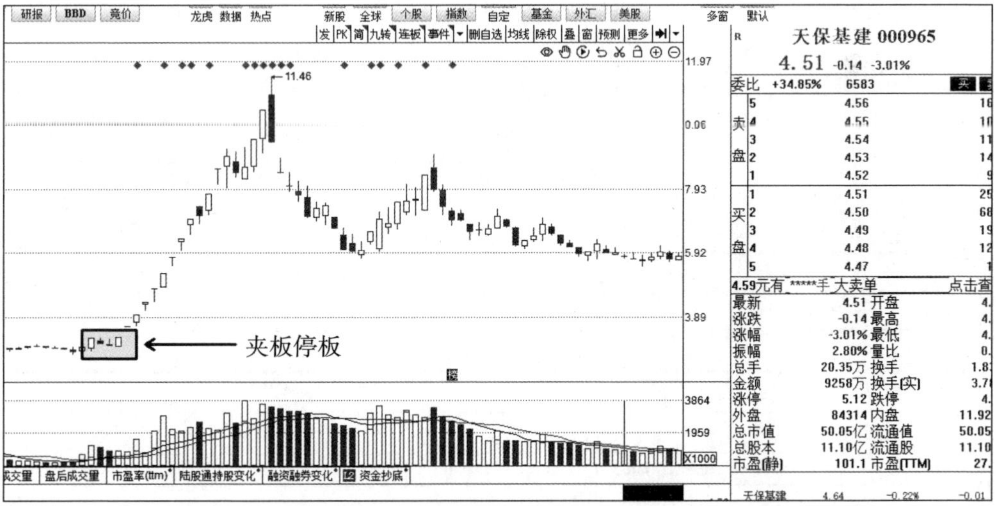

图 1-61　天保基建（000965）K 线走势图

高手与非高手，职业与非职业交易者之间的区别，在于能否准确地把握买入的机会。在该股涨停板突破整理平台的接下来两天，股价在整理平台上方拉出了两根倍量阴线。天有不测风云，股价放量收阴，让市场中的投资者感觉上涨无望，误以为股价还会回到整理平台之中。其实，主力吃了一肚子筹码，不可能刚刚介入，还没有获利，就采取如此极端的派发行为，因此面对收阴线的走势不必惊慌，静待市场变化。

图 1-62 为天保基建（000965）的分时走势图，从分时走势图中可以看到，2022 年 3 月 16 日早上 9:30 开盘后，股价一直在前一日收盘价上方一点的价位上反复振荡，做蓄势动作。接近 10:00 时，一口气便把股价拉到了涨停板，可见主力操盘手法多么凶悍。

当日收出涨停大阳线，完全暴露出前一个涨停后的股价回调动作是主力的洗盘行为。开弓没有回头箭，在市场中遇到个股走出夹板停板走势，都是股价将要强势上涨的信号，要大胆进场买入，而且不要中途过早下车。买入之后，完全有理由相信股价可以继续上涨。

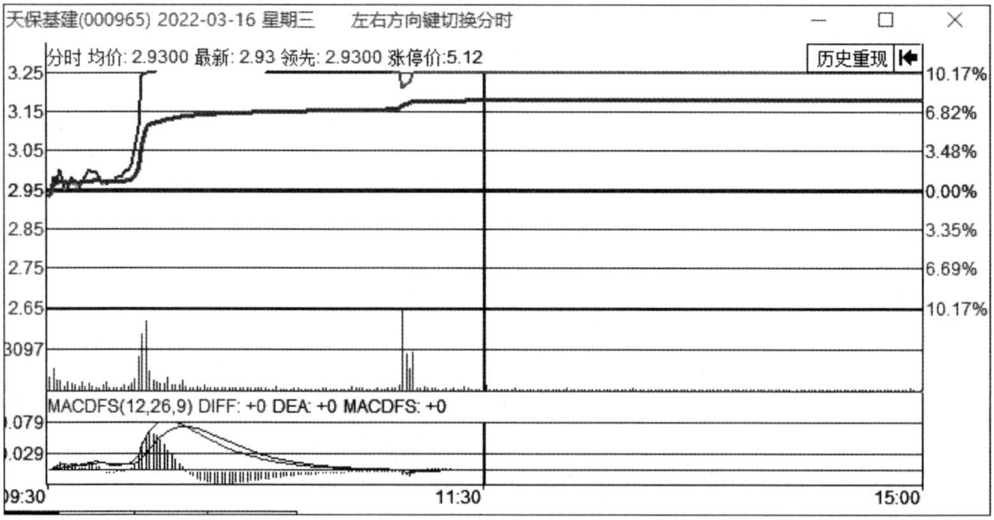

图 1-62　天保基建（000965）分时走势图

如图 1-63 所示，恒久科技（002808）是 2023 年开年涌现的一只大牛股，该股启动大幅拉升行情时，采用的拉升手法也是夹板停板走势组合。

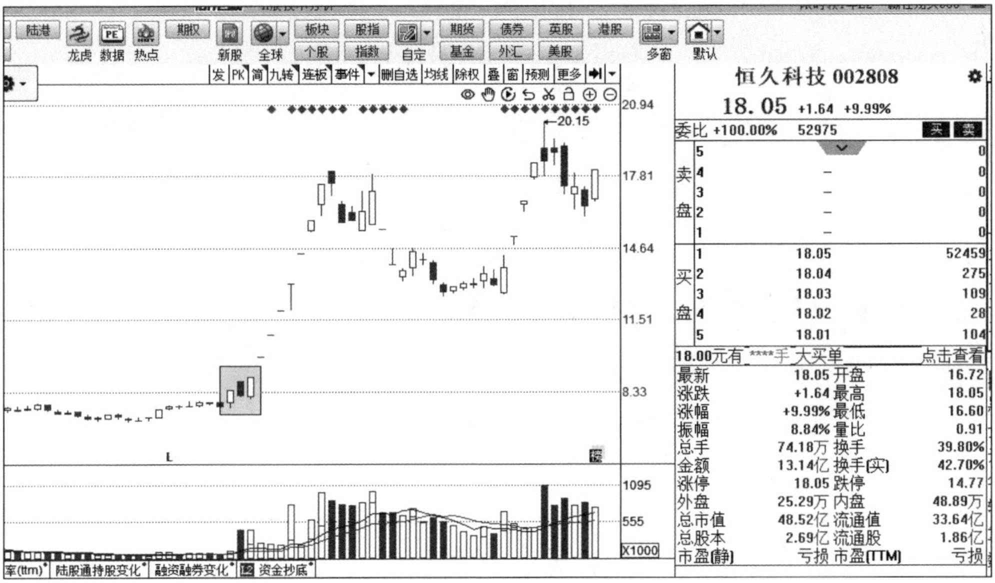

图 1-63　恒久科技（002808）K 线走势图

夹板停板形态表示股价经过较长时间的横向整理，主力愿意让所有在整理期间买入的人获利，或是主力愿意以较高的成本获取筹码。

在平台振荡期，可能大部分投资者都不怎么关注股价走势，场内的投资者甚至都不愿意去看盘。出现第一个涨停板时，场内持有该股的投资者可能已经回本或小有盈利了。第二个交易日开盘后，股价有一个冲高回落的动作。有些人可能会想，终于解套可以顺利离场了，所以这个时候会有投资者卖出股票，这是主力低位收集筹码的第一种状态。

如果是波段操盘的坚定持仓者，当股价走出第一个涨停板时，就会认为该股后期还会继续上涨，之前进场时的买入逻辑终于得到了验证，市场已经开始提供利润。但是在市场继续以阴线洗盘时，持仓可能会由盈利转为亏损。

这时波段投资者有可能产生后悔心理，责备自己为什么不在涨停当日卖出离场。因此在出现第二个涨停板，也就是形成夹板停板走势组合时，前期买入或者在放量阴线介入的投资者，有很大一部分人会把仓位清掉。

操作一只股票前，一定要分析清楚股价所处的区域，如果不分区域，那么技术形态分析很可能是无效的。对于买点，一般要求形态出现的位置是中低位，即上方筹码以及筹码峰大部分已经转移到低位，主力在此处获取筹码的欲望非常强烈。在中低价位区域出现买入形态，是可以信任和介入的。

如图 1-64 所示，特一药业（002728）在 2022 年 11 月 11 日收出一根天量阴线，但是第二天股价并没有低开，而是直接超预期地高开高走，开盘后股价直奔涨停。否定后的肯定，就是再一次肯定，所以这根巨量阴线不是主力出货，而是倒拔杨柳式的极端拿货行为。

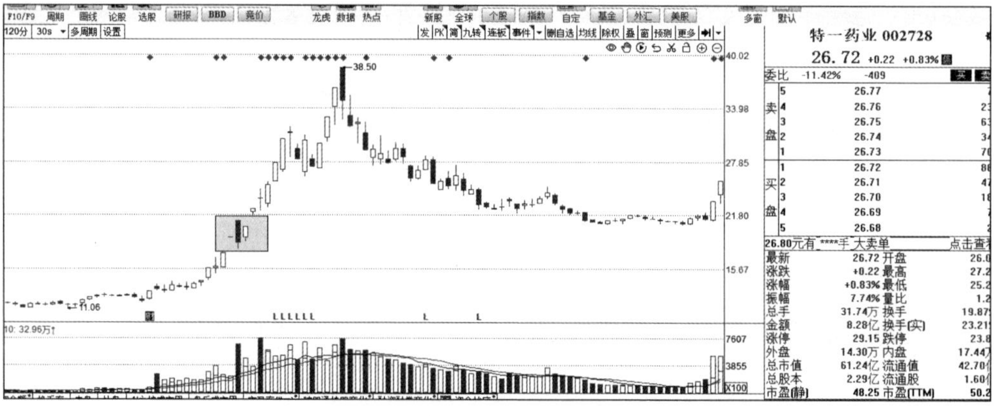

图 1-64　特一药业（002728）K 线走势图

夹板停板形态是主力做多力度的一个表现。实战中，要观察股价突破整理平台或创阶段性新高时的做多力度。打个不恰当的比喻，股价突破时，要看主力是一脚把门踹开，还是轻轻地把门推开。如果是一脚踹开，代表主力资金实力非常强。因为夹板停板表示主力做多力度非常强，因此往往出现在突破前期高点或者突破压力位的位置。

如图 1-65 所示，安奈儿（002875）在 2022 年 11 月 24 日走出了夹板停板形态，后一个涨停板是个 T 字板，而且盘中开板时间极短，大约只有几秒，如果不是提前挂单，几乎不可能买入。这根 T 字板的力度可谓做多力量极强，随后股价一骑绝尘，几个交易日后即实现翻番。

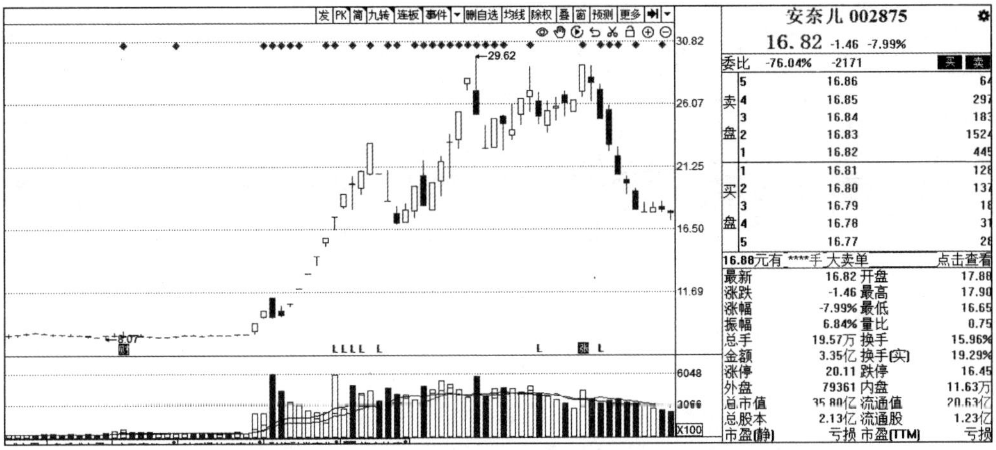

图 1-65　安奈儿（002875）K 线走势图

实战中，有的人喜欢抄底，有的人喜欢潜伏。这里之所以系统讲解股票交易战法，主要原因是帮助投资者尽可能买在起爆点。夹板停板形态是个股股性活跃的一个表现，如果个股当天没有涨停，后期股价也可能会上涨，但启动拉升的时间也许是一年、两年或是三年之后，拉升之前是不是能拿得住，这是实战交易中非常现实的一个问题。

最后做一个补充，夹板停板操作的个股一定是小盘股，流通市值在 30 亿元到 50 亿元之间。该战法只有在中小盘上应用才有效，对于大盘股，该战法是无效的。2023 年开年采用夹板停板战法拉升的爱仕达（002403），其流通市值正好是 30 亿元，如图 1-66 所示。

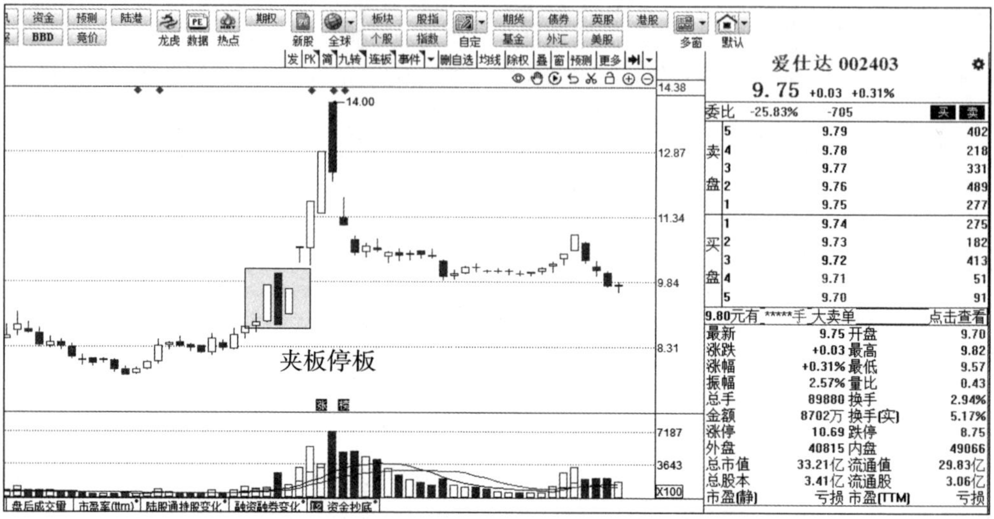

图 1-66 爱仕达（002403）K 线走势图

第二章

解密涨停板

第一节 涨停板原理与解析

前面讲解的战法中有两个都与涨停板相关，包括一箭三雕战法和夹板停板战法，下面来讲一讲对于涨停板的认识误区。A 股市场的涨跌停板制度是股价达到涨跌停板后，并不停止交易，而是在涨跌停价位仍可继续交易，直到当日收市为止，所以盘中会有开板的情况发生。

涨停板是股市中最具震撼力，最能代表股市中短期造富魅力的走势。涨停板是价格走势极端强势的产物，即便是在熊市中，沪深两市也经常出现涨停板。事出必有因，涨停板的出现绝非偶然。市场资金具有高度分散的特性，中小投资者不可能在同一天一直做多，集中资金拉出涨停板。也就是说，涨停板绝非个股随机波动的结果，而是主力刻意所为，或是主力高度参与的结果。看到涨停板，就抓到了个股主力的身影，此时投资者要高度关注，密切跟踪主力的一举一动，因为主力不可能无缘无故地拉升股价，必然有其内在的原因。

技术分析的本质是利用历史走势解读个股当前走势，并预测其未来走势。技术分析的精髓在于寻找个股上涨或下跌的内因，只有找到了形成走势的内因，才能更好地理解当前和未来走势。历史会重演，但不会简单地重复。只有找到个股走出涨停板的原因，才能准确地预测哪些个股在当日或以后有冲击涨停板或拉升股价的可能。

一般来说，个股可能会受到利好消息的刺激走出涨停板，也可能会因为主力控盘做多而出现涨停板。无论哪一类型的涨停板，其走势都是由主力操控的，并且股价在当日是实实在在地上涨了 10%。

走出涨停板是个股强势上涨的表现，但是走出涨停的个股并非每只都是黄金。涨停板蕴含的信息很丰富，通过分析各种涨停板的交易数据、内在逻辑和股价所处位置，可以清楚地看到多空双方的力量对比情况。多空力量往往会快速发生转化，有的个股走出涨停板后，后期股价能够持续维持强势。有的个股只是虚晃一枪，只走出一个涨停板，之后强势走势就会偃旗息鼓，甚至股价走入连续下跌的走势，这样的涨停板会成为套牢中小投资者的噩梦。

涨停板是主力凭借资金优势强势收集、拉升、出货和洗盘等惯用的手法。当主力已对个股实现强势控盘时，涨停板形态就会在主力的控盘运作下呈现出来。涨停板一定是主力做多意愿的强烈表现吗？仅看盘面大买单扫货这种表象，是无法判断主力真实的交易心理和交易目的的，需要通过内在逻辑和多种数据具体分析，才能得到相对可靠的结论。个股出现涨停板后，要分析和研究的内容还有很多。比如，主力完全可以通过对倒制造出涨停板，也可以利用利好消息顺势拉升出一个涨停板，究竟属于哪种情况，需要投资者盘中和盘后仔细分析。

可以说，同样一个 10% 涨幅的涨停板，既可以成为主力诱多出货的陷阱，也可以成为主力大幅拉升股价的前奏。形形色色的涨停板，蕴含着丰富的信息，包括市场信息和主力拉升意图。只有经过认真细致的归纳和总结，才能弄清形成这些涨停板的真正内因，进而解开涨停板的神秘面纱。

第二节　利用涨停基因抓涨停

一、追击涨停板

追击涨停板时，需要注意天时、地利、人和，同时还要看个股有没有涨停基因。

1. 天时

天时是指大盘走势环境。市场近期走势偏强，至少不能大跌，这是买入建仓重要的前提。无论是公募基金还是游资私募操盘，都有明确的战略、战术和严格的操盘计划，在大盘环境很差的情况下，都不会逆势做多。作为中小投资者，更应该避免在股市走跌的市况下做买入操作，“覆巢之下安有完卵”，一旦大盘环境进一步恶化，走出涨停板的机会就会急剧减少，打板成功的概率也会变得极低。

就像 2023 年的 3 月 7 日，A 股超过 4000 只个股下跌，满盘尽绿，要想抓到涨停板，可谓异想天开。在恶劣的大盘环境下，最好的应对措施就是空仓观望，不要去接高空落下的飞刀。

2. 地利

所谓地利也就是板块效应。参与一只个股之前，要看个股所在板块是否有炒作题材，所属板块是否是近期市场炒作的热点，个股近期走势是否较为强势，背后是否明显有资金推动股价上涨，是否属于热点题材以及是否明显有资金入驻。这些是判断个股后期走势是否有爆发力的重要条件。

3. 人和

所谓的人和就是技术形态完美，买盘人气大增。

个股启动上涨行情前，要观察该股是否有完美的技术形态和较高的市场人气。基于大势和热点选出来的优质股，天时、地利都具备的同时，还必须具备完美的技术形态以及人气支撑。“花花轿子众人抬”，一只个股要想大幅上涨，必须有大量的人气跟随炒作。

4. 涨停基因

股性如人性，能够连续拉出涨停板的股票，大涨之前一定出现过涨停板。股价涨停了还会涨停，之前没有涨停的个股，后期走势也很难出现涨停，这就是股票的涨停基因。

历史会重演是股票技术分析的基础，股票价格是由人的交易意愿决定的，所以股票走势通常带有人的心理和性格特征。换句话说，股票是有生命的，也是有性格的。历史会重演这一技术分析基础，在股票走势分析中应用很广泛，其中应用最多的就是选股。如果一只股票被主力长期反复炒作，只要研究股票的历史走势特点，就能发现入驻该股主力的操盘特点，这对于寻找强庄股具有重要的意义。

股价历史走势能够反映入驻该股票主力的操盘特点，历史上经常拉出涨停板的股票，说明主力操盘手法娴熟，控盘技术过硬，又说明主力资金实力雄厚。一只在主力建仓期就经常出现涨停板的股票，明显具备良好的涨停基因。当主力在建仓、洗盘完毕准备拉升股价时，大概率还会出现连续的涨停。这种具有涨停基因的股票，才是应该重点关注和跟踪的股票。一只经年累月不见一个涨停板的股票，其后期走出涨停的概率很小。这种不具备涨停基因的股票，不是市场炒作或短线操作首选的股票。

二、案例分析

如图 2-1 所示，大理药业（603963）在 2022 年主力建仓期间，隔三岔五就会拉出一个涨停板，而且大部分涨停都出现在同一价位，说明主力在这个位置控盘良好，已经成功激活了该股的股性。有了场外资金踊跃跟随，又有主力资金和市场资金同时看好这只股票，所以该股后市才有大涨的可能。前期走势中经常出现涨停板，后面走出四连板也就在意料之中了。

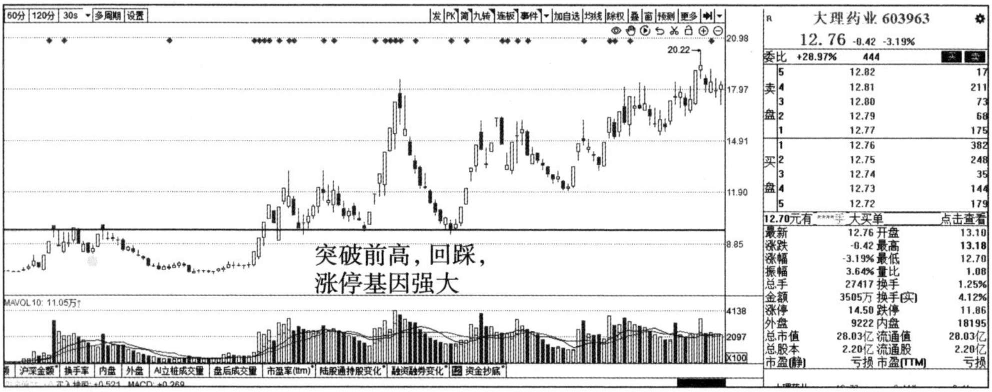

图 2-1　大理药业（603963）K 线走势图

如图 2-2 所示，人人乐（002336）在 2022 年 9 月连续拉出 7 个涨停板，表明该股具备涨停板基因，同时显示出主力操盘手法果断、犀利和性格十分强势。经过一段时间的反复抢筹、洗盘已经成功激活了股性，该股受到场内外资金的青睐和跟随。只有资金实力雄厚的主力控盘引导，且场外资金持续看好的股票，其上涨的概率才会增大。该股前期区间盘整时，连续拉出多个涨停板，市场参与程度也相对较高，后期用连续拉涨停的方式拉升股价，也就显得自然而然了。

如图 2-3 所示，海螺新材（000619）在 2022 年 1 月 10 日出现第一个涨停板，第二天又收出一个涨停板。在 2022 年 3 月又连续收出两个涨停板，2022 年 6 月连续收出三个涨停板，随后在 7 月 12 日再次收出涨停板，说明该股股性活跃，具备涨停基因，后市大概率也会出现连续涨停。该股进入主升浪，在出现夹板停板形态后，连续拉出四个涨停板，股价在短短几天之内即实现了翻番。

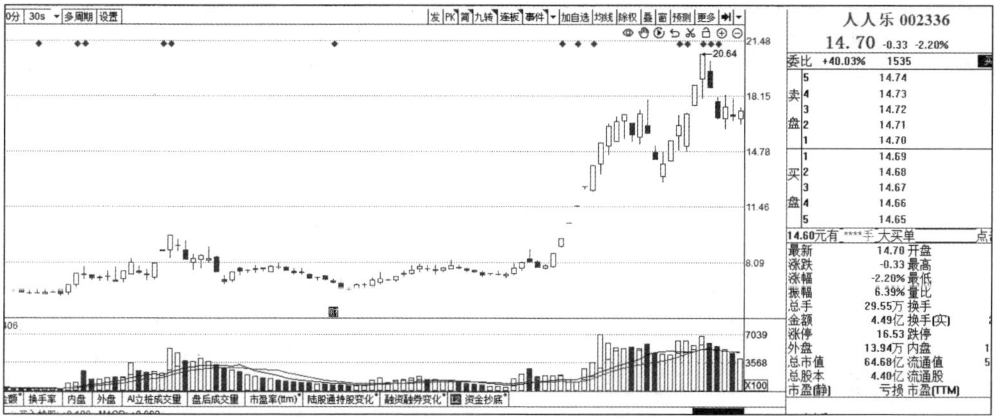

图 2-2　人人乐（002336）K 线走势图

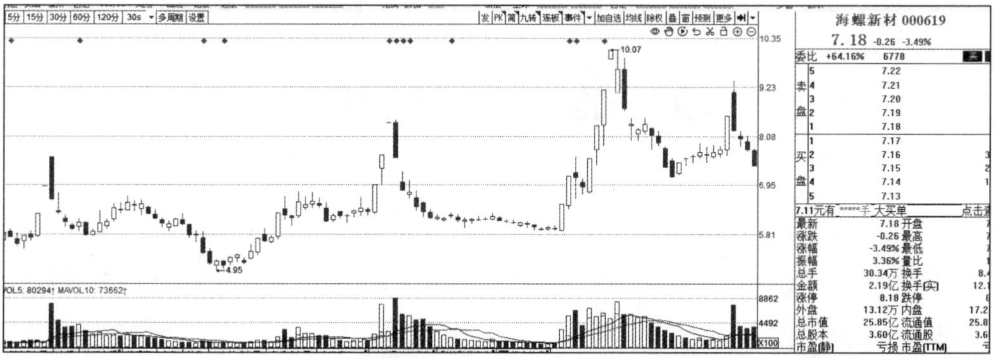

图 2-3　海螺新材（000619）K 线走势图

如图 2-4 所示，三变科技（002112）一直以来都是深市中小板中一只股性活跃的股票，涨停基因非常强大。2022 年 9 月 23 日，该股进行了送配股，每 10 股送 3 股。像这种主力喜欢炒作的个股，除权后股价都会进行填权。在经历了大半年的宽幅振荡吸筹之后，2023 年 2 月 21 日主力用一个涨停板炸板突破前期高点的重要压力位，随后开启暴力拉升行情。

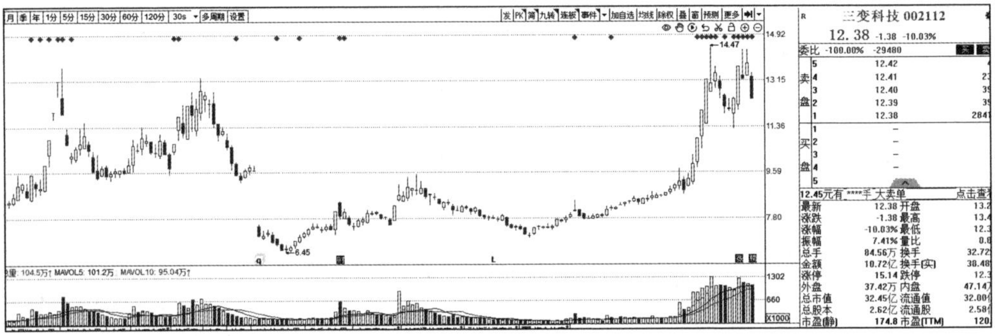

图 2-4　三变科技（002112）K 线走势图

在具备天时、地利、人和的条件下，要尽可能选出具有涨停基因的股票，进行重点跟踪。只有跟随强势主力炒作，才能享受到股价飙升的乐趣，同时实现资金的快速增值。

第三节　识别涨停板

股市中最具诱惑力的走势就是拉出涨停板，最受投资者欢迎的操盘方法就是追击涨停板。采用追涨停的方式操作个股，投入时间短，短期获利大，能使自己的账面资金迅速翻番。但是，很多中小投资者在还没有完全领会追击涨停板精髓的情况下，便急匆匆地进行打板操作，结果不但没有获得应有的利润，反而可能出现亏损或套牢。

资深投资者都知道，买入涨停板股票之前，首先要分析涨停板出现的位置和涨停性质，看它是主力建仓型涨停板还是出货型涨停板，是对倒型涨停板还是拉升型涨停板。其次要分析该股票涨停的内在原因，究竟是政策利好还是行业利好推动涨停，是板块整体启动，还是纯粹的个股主力资金推动。最后还要看该股股性是否优良，流通盘大小是否合适，是否具有涨停基因。

买入哪类股票或个股，心中要有一个准则，否则就是买入了不确定性和风险。目前，很多中小投资者对涨停板存在以下三个误区。

1. 不看股性

人有人性，股有股性。涨停板毫无疑问是由主力引导和控盘拉升出来的，有些主力做事果敢，进退有度。跟随这样的主力做涨停板股票，结果会让人身心愉悦。有些个股是由内心阴暗、性格狡诈的主力运作的，这类主力控盘的股票，股价走势忽明忽暗、忽上忽下、阴晴不定，跟随这样的主力做涨停板股票，一不小心就会被深度套牢，就像坐过山车一样惊心动魄，让人身心疲惫。远离阴险狡诈的主力，就等于远离了风险。

下面分析几个案例。

如图 2-5 所示，力盛体育（002858）在 2023 年伊始就间歇性地拉出了几个涨停板，让人很是兴奋。但是每个涨停板后面，都紧接着出现一根高开低走的大阴线，让涨停板位置杀入的中小投资者铩羽而归。这表明主力性格阴险狡诈，控盘的股票走势比较多变。跟随这样的主力做股票，会让人心惊胆战，搞不好就要吃亏，远离这类涨停个股就等于远离了风险。

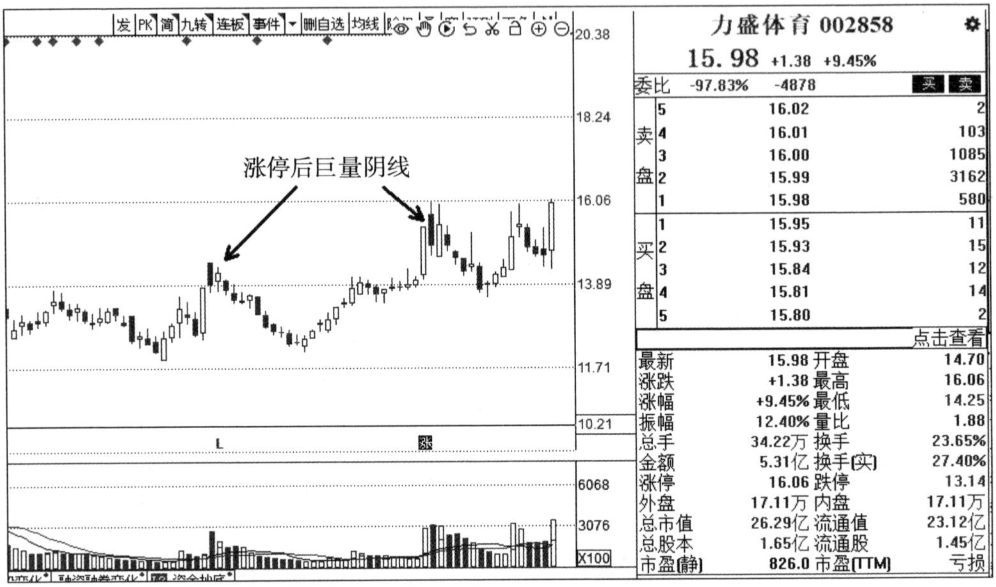

图 2-5 力盛体育（002858）K 线走势图

如图 2-6 所示，新华传媒（600825）在 2023 年 2 月 14 日、2 月 15 日连续拉出两个涨停板，股价所处的位置不高，4 元多，可以确定这两个涨停

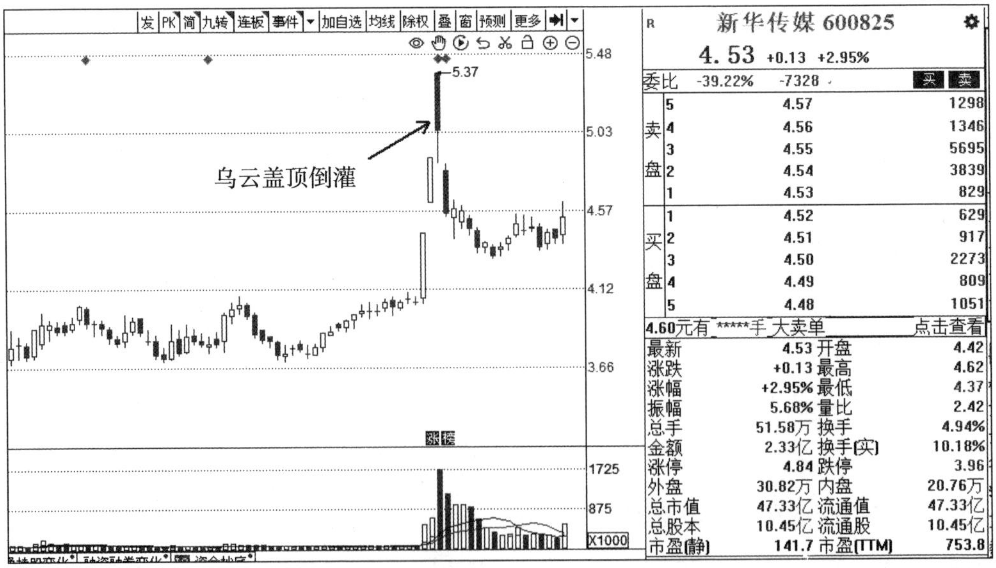

图 2-6 新华传媒（600825）K 线走势图

板为建仓型涨停板。但是，第二个涨停板过后，股价却拉出了一根高开低走的倒灌大阴线，将喜欢在涨停板买入的投资者全部套牢。

从走势可以看出，该股主力性格狡诈，想从中赚取利润相对困难。此外，该股之前长期没有收出过涨停板，说明缺乏涨停基因。实战中，要远离这类恶庄控盘的股票，才能避免资金缩水。从该案例也可以看出，在做涨停板之前，一定要好好研究主力的操盘手法，避免一失足成千古恨。

2. 不看涨停出现的位置

位置决定性质，不同位置的涨停板具有不同的性质，其后的走势也不尽相同。参与中低位建仓型涨停板，要过很长一段时间才能获得收益；参与出货型涨停板，入场之后则会站在高高的山岗上，最后的结局不是损失时间成本慢慢地等待解套，就是损失资金割肉出局；参与锁仓或是拉升性质的涨停板，才是中小投资者的首选，这是安全性高且短期内可大幅获利的个股。

许多初学打涨停板的中小投资者，不明白涨停的位置决定涨停性质，以为打板就是单纯地买入涨停的股票。这些投资者看到股价似乎要冲击涨停板，不管是建仓型涨停板还是出货型涨停板，马上加入自选股密切追踪，看到股价要冲上涨停板，不管三七二十一大胆杀入。如果都按这种打板模式操作，结果很可能事与愿违，不仅无法获利，还有可能亏损或被套。

如图 2-7 所示，亚翔集成（603929）在 2022 年 11 月连续拉出三个涨停板，随后在第三个涨停板位置构筑了一个小型横向整理平台，形成了一箭三雕次级形态，随后股价又拉出了三个涨停板。

该股由低位上涨以来，涨至最高 19.82 元，股价已经实现翻倍。在这一波上涨行情中，股价从低到高总共拉出了 6 个涨停板，主力短期获利丰厚。最后一个涨停板位置，主力有高位派发的强烈意愿。

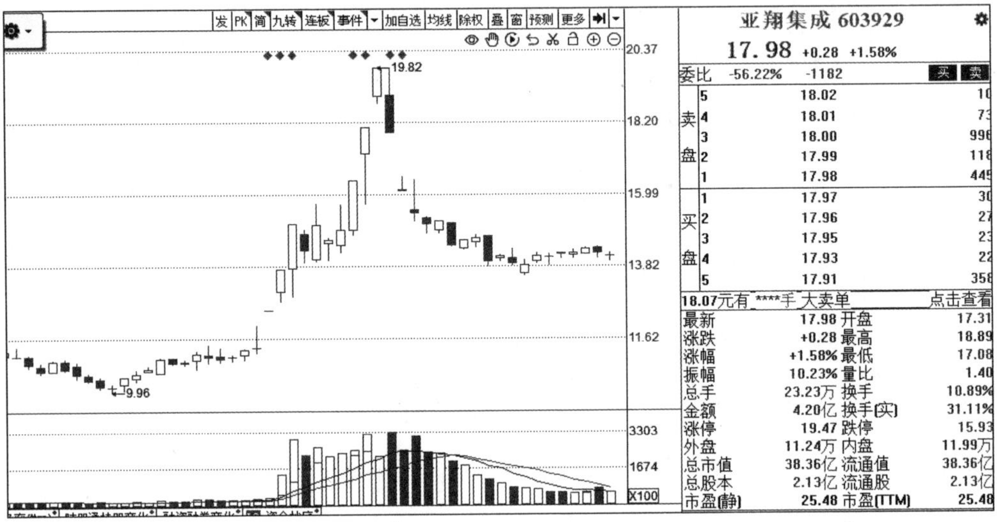

图 2-7　亚翔集成（603929）K 线走势图

第一阶段的涨停拉升是三个涨停板见顶，第二阶段先是一连拉出三个涨停板，表明这是主力重复之前的拉升行为。走出第四个涨停板当天，股价上冲到 19.82 元的价格，该涨停板就是典型的出货型涨停板。从技术形态上来看，收出第四个涨停板第二天，股价走出了高位倾盆大雨 K 线形态，更清楚地表明最后一个涨停是很明确的出货涨停板性质。如果此时还去高位打板，就难以逃过高位站岗或割肉出局的命运。

如图 2-8 所示，信雅达（600571）在 2022 年 12 月 7 日拉出一个涨停板，随后炸板，收出一根高位螺旋桨 K 线。这个涨停板出现在一个非常危险的位置，大概率是一个高位出货涨停板，因为前期高点及带量的向下跳空缺口皆是重要的压力位。股价运行到前期高点位置时，必然会遇到大量前期套牢盘涌出，此时极有可能形成双头的经典出货形态。

从该案例可以看出，做股票一定要像过马路那样左顾右盼。“左顾”就是看前期走势有没有明显的高点或者跳空缺口形成重要压力位；“右盼”就是看股价还有没有上升空间，也就是说，买入之前一定要研判股价有没有上涨阻力和上升空间。

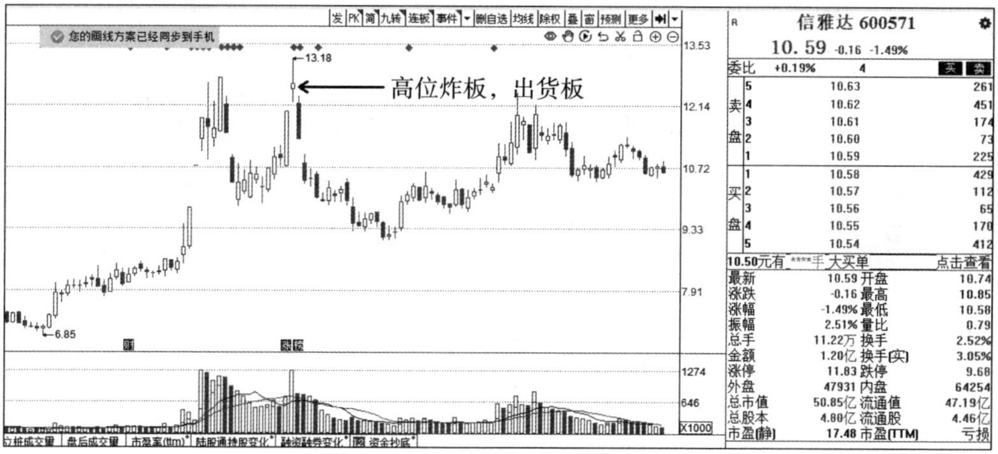

图 2-8　信雅达（600571）K 线走势图

分析研判的重点是成交量、价格、时间、空间、趋势形态等，这些分析要点一个都不能少。遇到前期高点压力，股价没有上升空间，此时出现涨停板要注意回避，避开套牢和亏损的风险。

3. 没有严格的交易纪律

追涨停板一定要严格遵守止盈、止损纪律，否则就无法做到稳定盈利。追涨停板对于止盈、止损的要求非常高，一般都是今日进，次日不赚钱或者股价低开超过 4% 直接割肉卖掉。

大部分中小投资者都无法做到严格遵守操作纪律，导致经常追入后“坐电梯”，或者是被套后短线操作变成长期持股。出现这种结局，要么是追入后股价上涨，因为内心太过贪婪，出现顶部卖出信号后不能及时止盈出局，结果股价由升转跌，浮盈变浮亏，导致亏损割肉出局；要么就是追入后第二天股价没有出现预期中的上涨，又不能及时止损，结果因为不舍得割肉导致亏损越来越大。

俗话说，没有规矩不成方圆。追涨停板就像打仗一样，必须严格遵守交易纪律，否则就变成“坐电梯”，或短期变中期，中期变无期，这也是打板失败的常态。

股市追买涨停板，尤其是追入连续涨停的股票，是最激动人心的一件事，也是投资者最有成就感的操作。但是，如果不识股性，不知道涨停板的性质，没有严格的止盈、止损纪律，即无法避开上述三种误区，是很难在股市中快速赚钱的。

第四节　脱轨而出抓涨停

市场上每一只股票都有自己的股性，股价会沿着一定的轨迹运行，形成自己的 K 线走势。如股价在一个狭小的箱体内运行，或在一个三角形内运行，一般情况下，股价都会在一个时期内维持一种平衡态势，一旦这种平衡态势被打破，做空力量占据优势，股价就会逐步走低，做多力量占据优势，股价就会逐步走高。当股价在某个轨道运行一段时间，短期或中长期均线逐步向上发散时，股价就会脱轨而出，像一匹脱缰的野马，肆意狂奔，走出一大波上涨行情。

几乎所有被主力高度控盘的股票，前期都会按着一定的轨道运行，并构建出极有利的股价走势形态。等到时机成熟，股价走势就会突破形态的束缚，进入强势拉升阶段。股价前期走势构筑的形态，是中小投资者判断股价将要上涨或下跌的重要依据。

下面来看几个案例。

乘着绿色能源炒作的东风，风光发电概念股得到了主力资金的大肆炒作，也造就了乐山电力（600644）、动力源（600405）等一大批牛股。如图 2-9 所示，湖南发展（000722）自从 2021 年 9 月 9 日收出一根阳线站上 120 日半年线之后，主力将股价牢牢地控制在 7.20 元到 9.70 元之间。在长达半年的横盘整理期间，股价既没有低于 7.20 元，也没有超过 9.70 元。直到 2022 年 4 月 25 日，主力用一个涨停板突破了整理平台高点 9.70 元，此后股价脱轨而出，破茧成蝶，连续收出多个涨停板，两周之内股价就走出了翻倍行情。

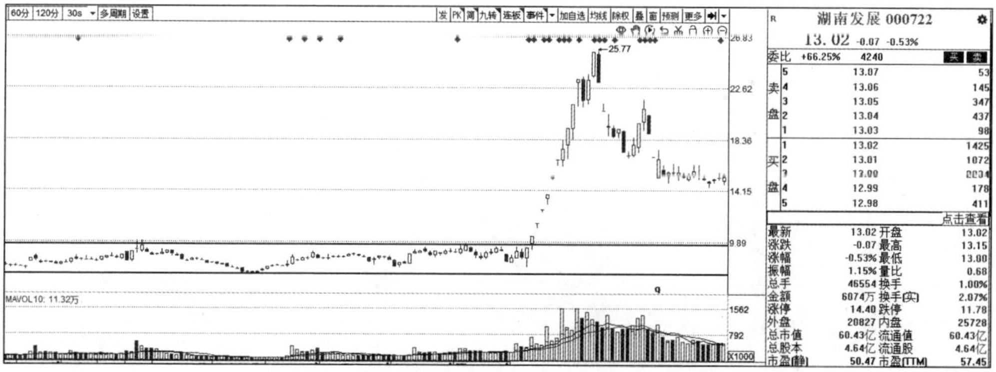

图 2-9　湖南发展（000722）K 线走势图

如图 2-10 所示，天鹅股份（603029）在 2022 年年中，股价一直维持在一个轨道内运行。2022 年 10 月 11 日，主力破位洗盘，盘中最低收出 10.36 元。随后拉出一个涨停板，之后回调再也没有创出新低，而是形成了一个力托山河的 K 线形态，股价又重新回到振荡箱体之内。

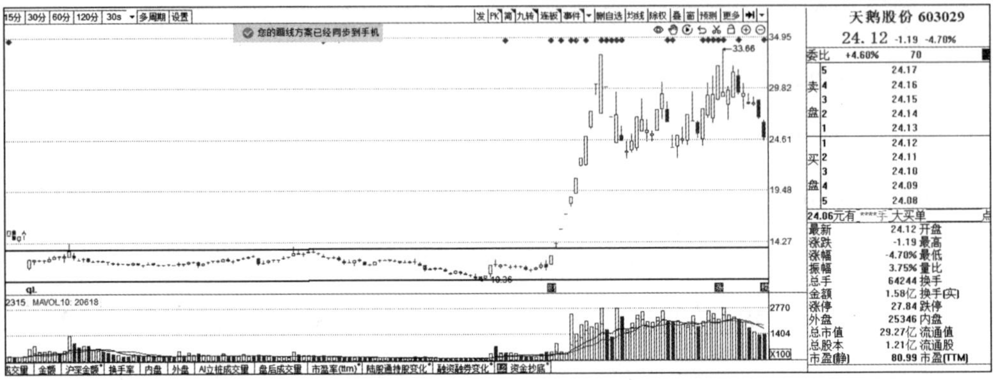

图 2-10　天鹅股份（603029）K 线走势图

下面来看一下这段走势的放大图形，如图 2-11 所示。这里简单讲解一下力托山河 K 线形态。力托山河 K 线形态是指某只个股在一个低点拉出涨停板，这个低点在以后相当长的一段时间内成为该股的低点，或者说某只股票通过

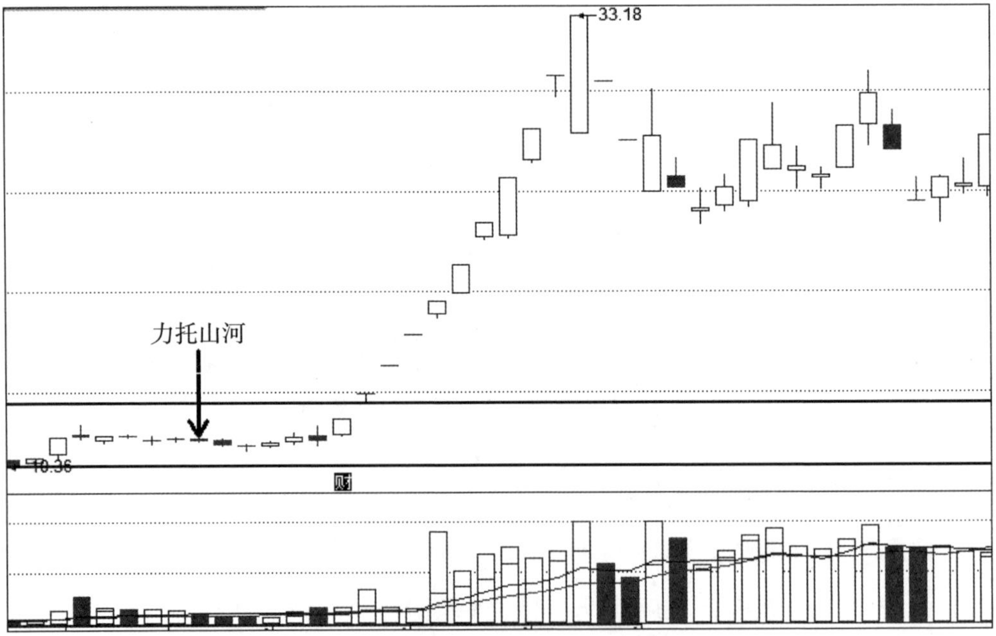

图 2-11　天鹅股份（603029）K 线放大图

涨停板的方式做出了阶段性底部。虽然后市个股再次回调，但是股价基本上没有跌破该涨停板的最低点。

底部或低点出现力托山河 K 线形态，一般属于强势走势，后期甚至有可能成为带领板块或大盘上攻的龙头股。

力托山河 K 线形态背后的市场含义有以下两点。

（1）个股在底部涨停，多方力量积极反攻，空方力量退却，市场上涨动力增强。

（2）后期股价回调不破涨停板最低价位，表示市场中有主力在有意护盘，不让股价下跌，甚至拒绝回调。

天鹅股份（603029）在大的箱体内振荡，形成一个力托山河 K 线形态之后，以一个 T 字板走出了脱轨而出的走势形态。随后短短几个交易日，股价就走出了涨幅达三倍的快速拉升行情，成为当时市场热炒的供销社概念龙头先锋。

如图 2-12 所示，中国中车（601766）是 A 股历史上一只有名的大牛股，也是“牛散”赵强起家时炒作的一只大牛股。该股流通市值超千亿元，属于中字头大盘股，能够让所有人吃得饱跑得掉。

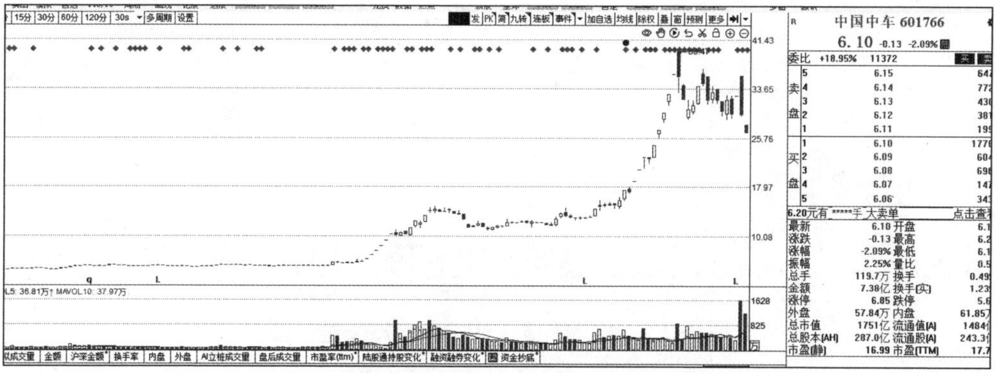

图 2-12　中国中车（601766）K 线走势图

2014 年 8 月 4 日，该股走出了一根大阳线。之后横盘整理时间长达 46 个交易日。在横盘整理期间，主力将股价稳稳地控制在 4.44 元到 4.70 元之间，振幅没有超过 10%，说明主力已经高度控盘。2014 年 11 月 16 日，主力用一根放量涨停 K 线突破了 4.70 元价格之后，股价脱轨而出。又经过几天的横盘振荡之后，股价便一发不可收拾，连续拉出 6 个一字板。稍做停留之后，股价又一路向上，成为 A 股历史上为数不多的大牛股之一。

如图 2-13 所示，成飞集成（002190）是另一只有名的大牛股。与上面的案例不同的是，该股股价沿轨道运行的时间比较短。时间越短，越能显示主力资金雄厚和操盘风格强势。该股股价在脱离轨道时，直接拉出 6 个一字板，股价走出空中加油形态和二次起飞形态，短时间内股价上涨幅度让人咋舌，成为一段让人津津乐道的股市传奇。

股市运行是有其内在逻辑的，个股股价的波动也有其运行轨迹。中小投资者只要能通过股市内在逻辑选股，并找到股价运行轨道的进出时机，就一定能在股市炒作中顺风顺水。

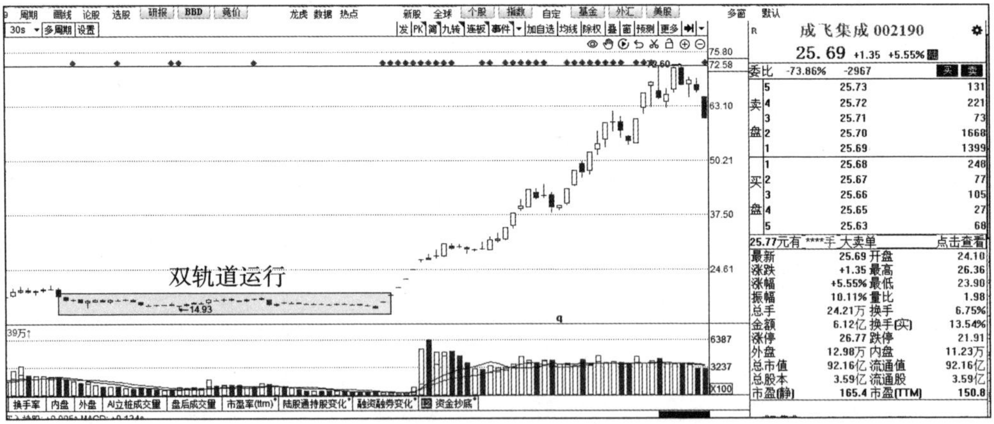

图 2-13　成飞集成（002190）K 线走势图

这里为大家提供一个“量能口诀”——低位无量要等，等错也要等；高位无量要拿，拿错也要拿；低位放量要跟，跟错也要跟；高位放量要跑，跑错也要跑；量价齐升时买入，量增价跌时卖出，量平价跌时卖出，量减价升时持有。

第三章

股价拉升后的操作技法

第一节　龙回头战法

股市中有句谚语：千金难买回头牛。股市中最高效的获利方式是抓住明星股、人气股和龙头股，在股价拉升时享受账户资产快速增值的乐趣。大牛股拉升股价时，往往不止拉升一波，牛低头喝水也就是股价拉升一定高度后，经过一段时间的回调整理，往往还会再拉升一波。新一波的拉升上涨幅度有时候比第一波拉升还要快速猛烈，如果能够抓住牛低头喝水之后的第二波上涨，就能在短时间内获得不菲的收益，这里详细讲解一下“龙回头战法”。

龙回头走势是机构和游资惯用的操盘手法。短线交易者一定要深入研究龙回头走势，这对短线操作有非常重要的意义。下面来详细讲一下龙回头战法的技术要点。

一、战法解析

所谓龙回头战法，是指主力资金在大幅拉升股价后，由于场内筹码短期获利丰厚，市场抛盘增多，主力通过打压股价来清洗获利盘和持股不稳定的投资者，为之后继续拉升股价和出货做准备，抄底资金在股价回调低点入场，可以获得股价第二波拉升带来的利润。

1. 龙回头战法的意义

（1）龙回头战法可以避免追高风险，同时又可以获取短线的丰厚利润。

（2）龙回头战法中，股价前一波拉升必须有 2～3 个涨停板，表明该股前期属于龙头股。

（3）龙回头战法中，股价前期拉升过程必须要有成交量不断放大相配合。股价回踩过程中，成交量极度缩量，表明主力资金没有退场，正在准备第二波拉升。

（4）股价回落必须要有10日均线的支撑。股价止跌企稳，一般来说此时量能会极度萎缩，走出的K线形态一般有单针探底、十字星和缩量小阳线等。

2. 龙回头战法选股标准

（1）前期市场走势火爆的龙头股，必须要走出涨停板，而且涨停板要属于封死到尾盘的那种。没有走出涨停板，后期股价回调后，反弹力度不会太强，不易再次聚集人气，很容易陷入复杂的调整中。

（2）前期拉升过程中要有量能积累，主力操盘手法越凶悍越好。量能积累是主力资金进场的标志，主力操盘手法越凶悍，就越容易洗掉跟风盘，同时说明主力志在高远。股价回落调整过程中，要尽可能极度缩量。下跌缩量说明主力资金没有退场，很容易进入第二波拉升。

（3）股价回落调整时间为3～10个交易日，比较理想的是5～7个交易日。少于3个交易日，表明市场调整不充分，很容易影响第二波拉升的力度和强度。多于10个交易日，说明回落调整的时间太长，很难再次汇聚炒作人气。

二、鉴别龙头股及确定买点

一只强势股出现龙回头走势，大多是因为同期大盘大幅下跌，主力资金未能及时出逃造成的。龙回头股票在股价回调过程中，如在关键支撑位或重要均线附近止跌，则可以加大走出第二波拉升的可靠性。第一波大幅拉升的股票，股价回调后出现第二波拉升走势，往往是一次绝佳的介入和获利机会。走出龙回头形态的个股，股价往往会出现明显缩量或走势迟钝的情况。

市场进行一轮调整后，出现盘整格局。此时观察涨幅榜上每日的涨停个股，加入自选股中跟踪观察。这一步骤的核心意义在于寻找以涨停阳线启动的上涨波段，在股价强势调整之后再次把握上涨波段。第二波拉升中，再次出现涨停板的概率很大。

1. 鉴别龙头股

（1）在领涨板块率先走出涨停板的股票，一般来说属于龙头股。

（2）对率先涨停的个股基本面进行分析。比如，个股流通盘大小和价格要适中，在历史上股性不差。此外，还要考察参与炒作的资金性质、原有主力资金性质及操盘风格等因素，确认率先涨停的个股是否适合当龙头股。

（3）确认第二天开盘价。观察开盘价是否仍然是同板块中开得最好的股票。

（4）确认第二天走势。如果个股开盘开得最好，此时跟踪观察日内走势，看该股是否仍然是板块中走势最好的个股。

（5）如果前面四点都成立，再结合分时图强势走势，判断个股走出连板的可能性大小。如果连板的可能非常大，即确认该股为龙头股，此时可以寻找买点尽快买入。

遇到爆炸性大题材，龙头股可能会走出一字板，此时投资者无法买入，这就涉及买点的问题。

2. 龙回头战法买点

（1）涨停板出现在底部区域，股价回调至涨停板二分之一位置时形成买点。

（2）连续涨停的股票，第一根长阴线调整到重要支撑位时形成买点。

（3）前期连续涨停的股票，股价回调到第一个涨停板、涨停价位或行情启动位附近时形成买点。

（4）对于稳健型投资者来说，可在强势股缩量回调至 10 日均线附近时，逢低介入。

（5）对于激进型投资者来说，可在强势股回调至 10 日均线后，当股价再次放量拉升时追高介入。

第二节　龙回头实战解析

如图 3-1 所示，西安饮食（000721）是预制菜板块的龙头股，每年中秋和春节到来之际，市场会拉动对食品的需求。2022 年 11 月，该股出现了一波炒作。在第一波炒作见顶后股价回落调整，当股价回调到 10 日均线时受到支撑，此时是龙回头战法的买点，后市该股走出了一波主升浪。

如图 3-2 所示，道恩股份（002838）是国内热塑性弹性体的龙头企业，主营业务中口罩占了半壁江山。2020 年初口罩成了炙手可热的商品，道恩股份出现七个涨停板的上涨，由此奠定了它在该板块中的龙头地位。在调整了不到十根 K 线后，再一次以涨停板的方式向上突破，短期均线再一次形成金叉，出现龙回头买点，受到市场热炒，该股在拉升过程中，也采用了前面所讲的夹板停板战法。

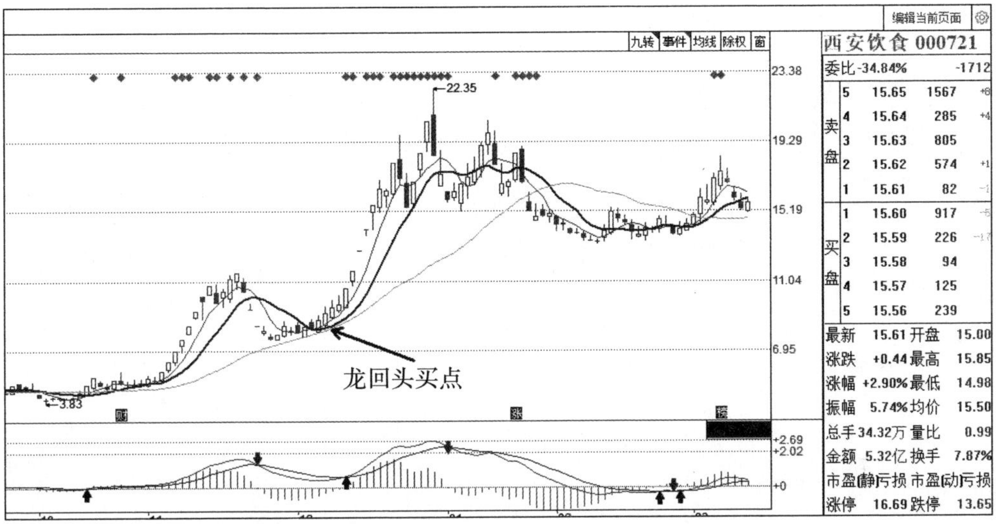

图 3-1 西安饮食（000721）K 线走势图

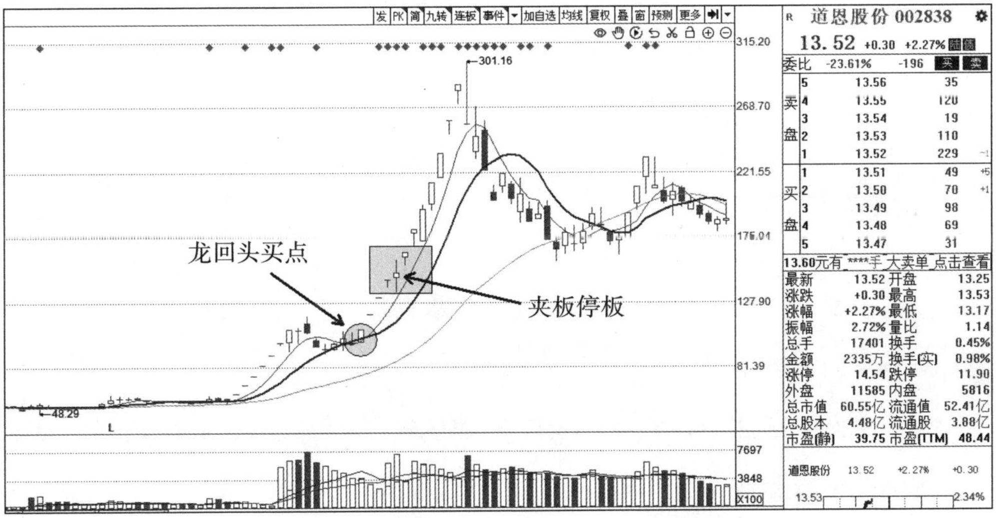

图 3-2 道恩股份（002838）K 线走势图

如图 3-3 所示，英飞拓（002528）是 2022 年 10 月信创板块炒作中的补涨龙头股，当时的领涨龙头是竞业达（003005），但是砖头砌墙——后来者居上。该股在 2022 年 10 月第一浪拉升中，走出 7 个涨停，奠定了它在该板块的地位。2022 年 10 月 21 日市场开始下跌，在主升二浪启动之前，该股成交量一直不温不火，没有明显放大，说明主力资金并未出逃。在走势出现一箭三雕次级形态之后，股价涨势如虹，上涨成为该股走势的主旋律。

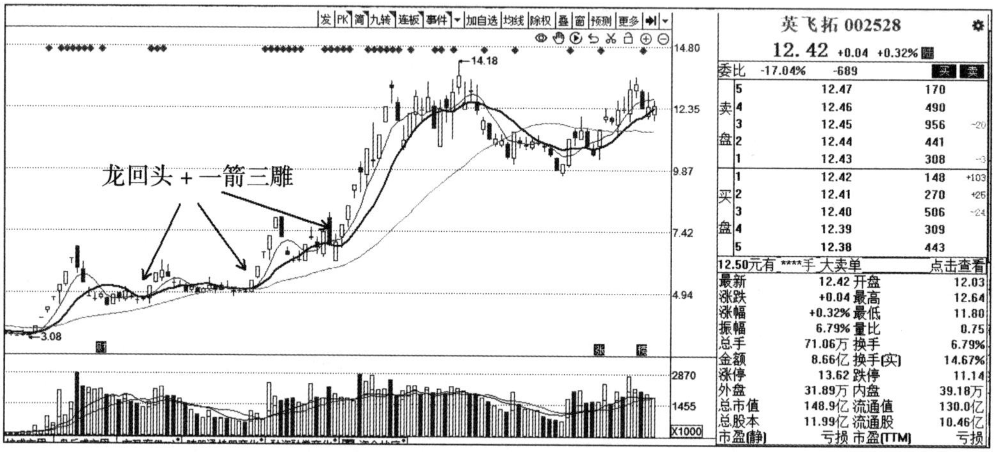

图 3-3　英飞拓（002528）K 线走势图

龙回头战法总结如下。

（1）龙回头战法的难点在于股价是否企稳，以及重要支撑位的判断，还有对再次起爆点的把握。

（2）重要支撑位可以根据 K 线图形和筹码峰来判断，股价跌破重要支撑位一定要及时止损出局。

（3）龙回头战法中，要结合盘口分时形态、量价关系、板块效应、大盘走势等情况进行综合判断，实战中总体来说准确率是非常高的。

投资者学习龙回头战法后，实战中要多复盘、多总结，才能切实提高自己的操盘水平。

下篇

龙头股的底层逻辑

第四章

捕捉龙头股

第一节　2022 年大牛股总结

纵观 2022 年全年股票市场走势，整个股票市场已经不再是大水漫灌式的普涨了。随着股市体量越来越大，以后的股市很可能只有局部牛市，很难再有全面的牛市。虽然 2022 年 A 股指数走势不怎么好看，市场一直围绕 3000 点上下振荡，但是对于题材龙头股的炒作来说，2022 年的市场还是可圈可点的。

下面梳理一下 2022 年全年笔者所在机构参与的龙头个股。

2021 年 12 月至 2022 年 1 月，市场开始大肆炒作元宙宇概念，其中龙头股有引力传媒（603598）（见图 4-1）、中青宝（300052）（见图 4-2）、宝鹰股份（002047）（见图 4-3）等。

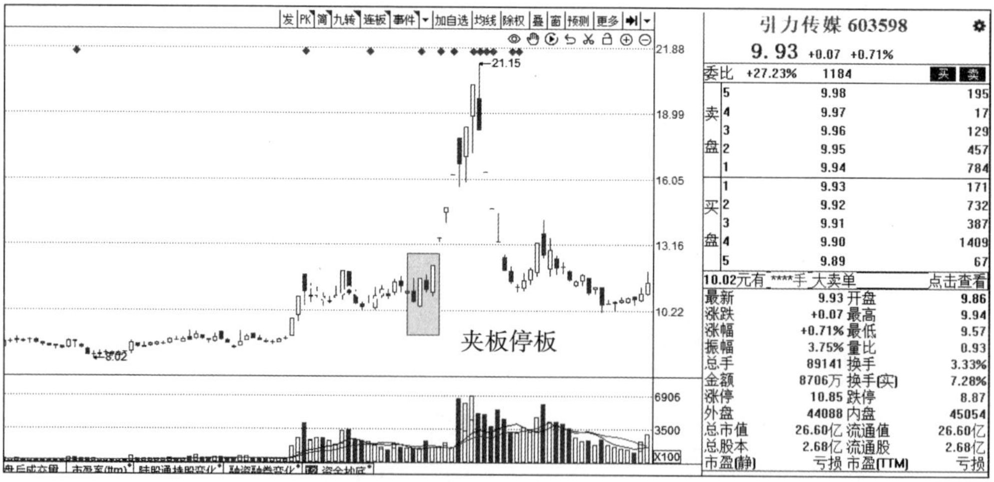

图 4-1　引力传媒（603598）K 线走势图

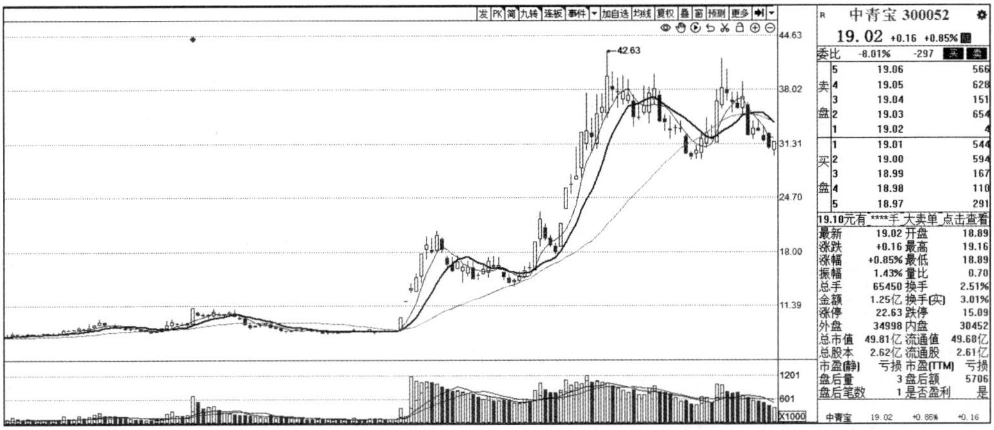

图 4-2　中青宝（300052）K 线走势图

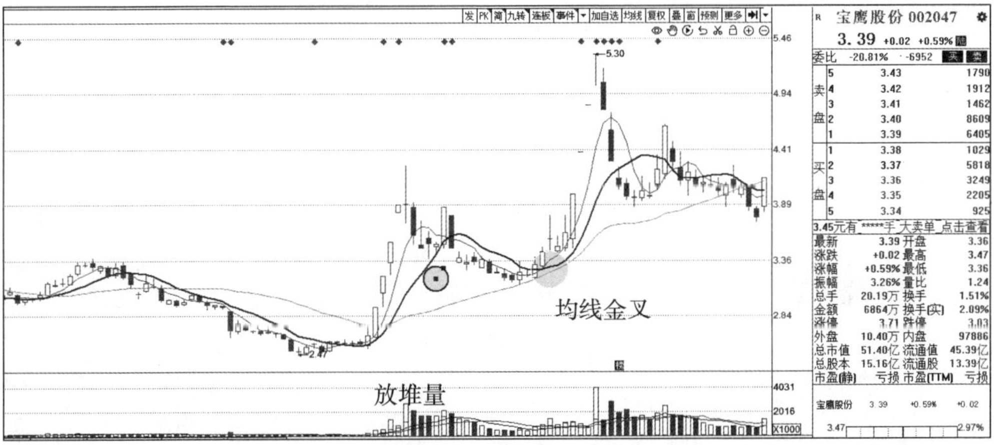

图 4-3　宝鹰股份（002047）K 线走势图

2022 年 1 月至 2 月，市场围绕新冠疫情进行炒作，叠加“猴痘”概念，十倍大牛股九安医疗（002432）（见图 4-4）由此产生。跟风龙头股有亚太药业（002370）（见图 4-5）、海辰药业（300584）（见图 4-6）等。

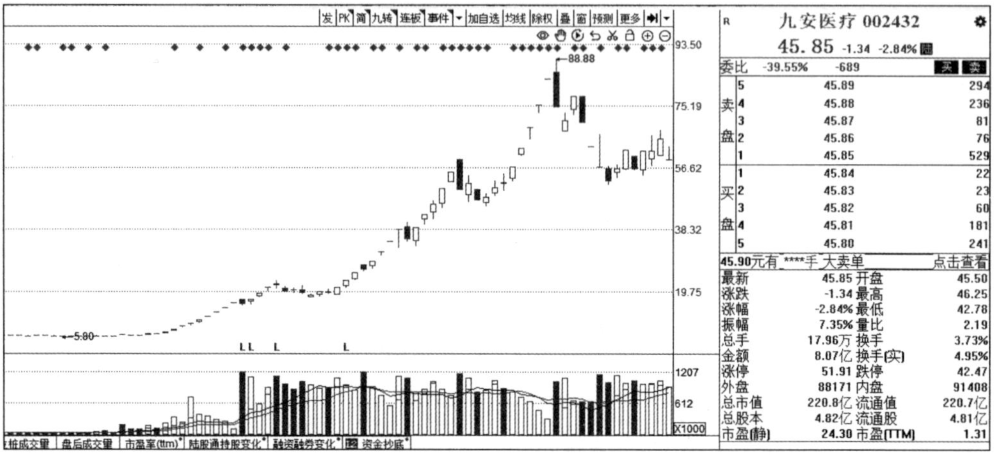

图 4-4　九安医疗（002432）K 线走势图

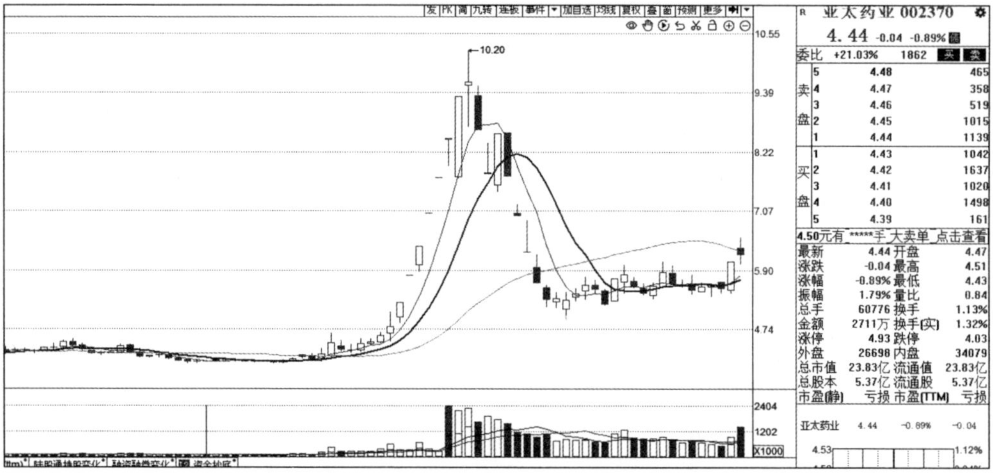

图 4-5　亚太药业（002370）K 线走势图

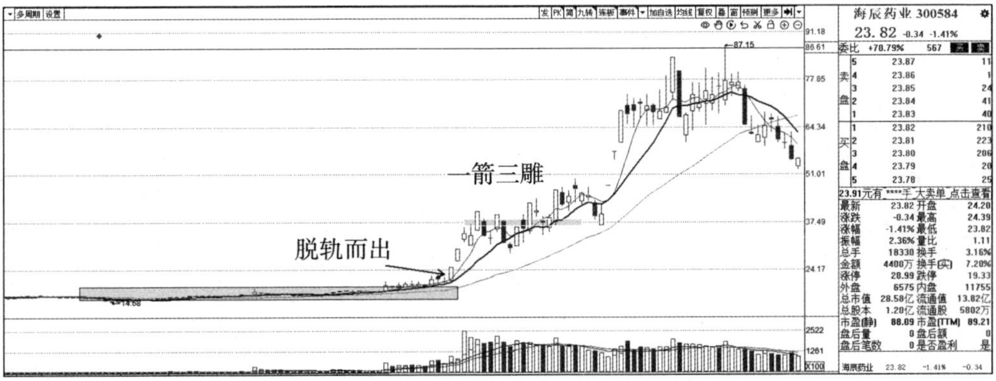

图 4-6　海辰药业（300584）K 线走势图

2022 年 2 月上旬，市场进行了一波数字货币的炒作，龙头股有翠微股份（603123）（见图 4-7）、证通电子（002197）（见图 4-8）、海联金汇（002537）（见图 4-9）等。

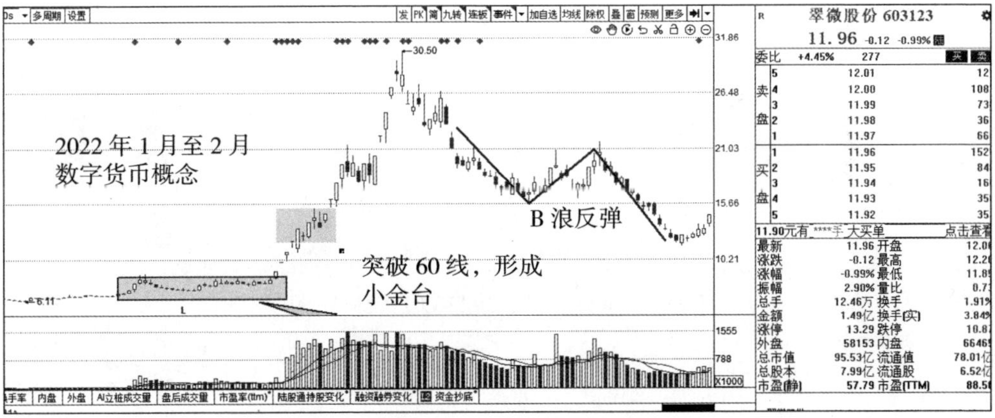

图 4-7　翠微股份（603123）K 线走势图

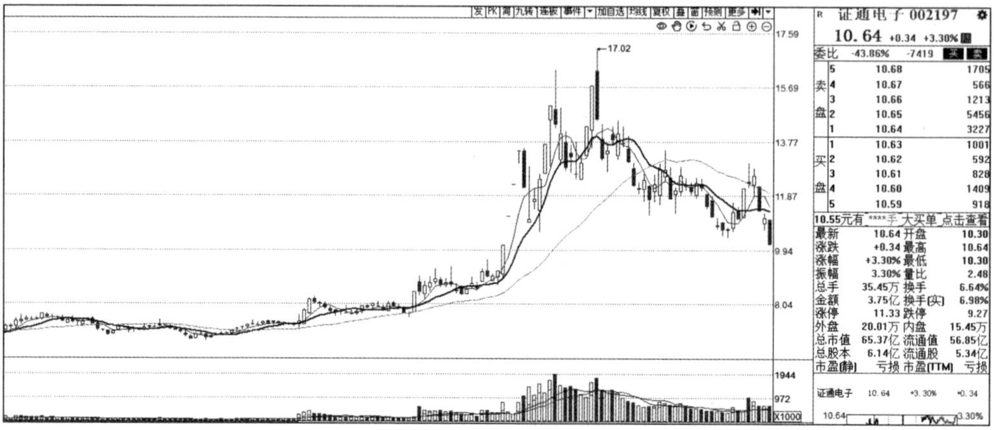

图 4-8　证通电子（002197）K 线走势图

图 4-9　海联金汇（002537）K 线走势图

2022 年 2 月下旬，由数据中心引发了一个全新概念——东数西算，龙头股有美丽云（000815）（见图 4-10）、佳力图（603912）（见图 4-11）、南威软件（603636）（见图 4-12）等。

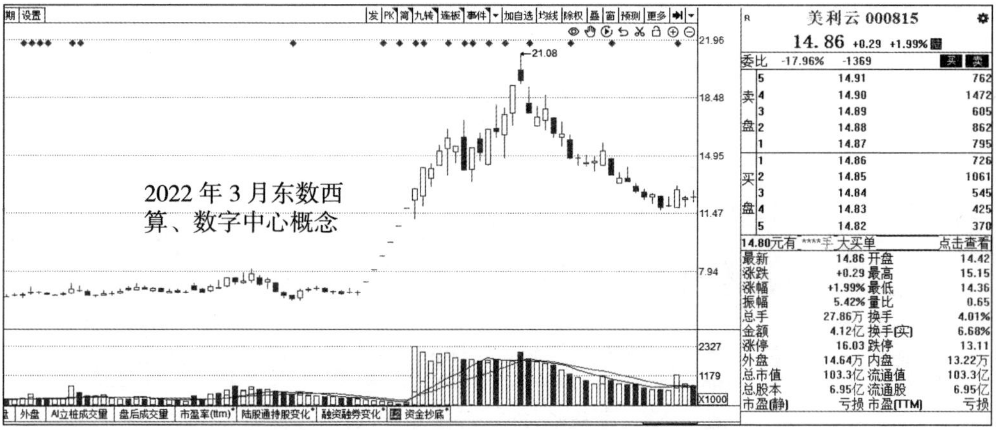

图 4-10　美丽云（000815）K 线走势图

图 4-11　佳力图（603912）K 线走势图

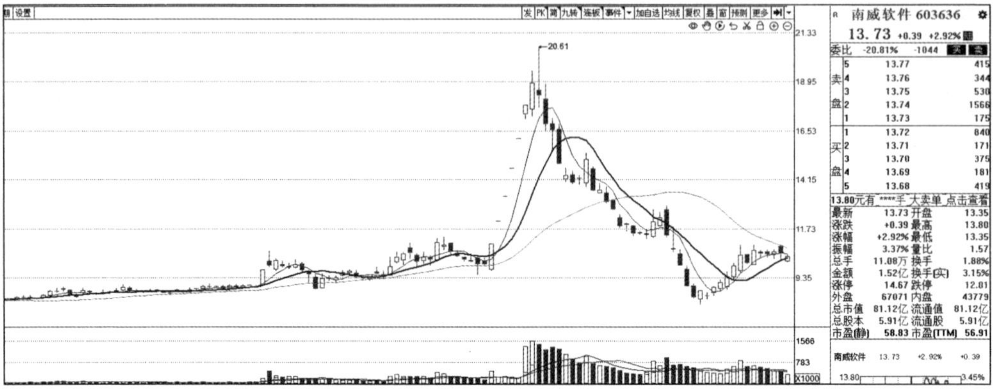

图 4-12　南威软件（603636）K 线走势图

2022 年 3 月，受俄罗斯与乌克兰战争升级影响，地缘政治风险扩大，市场开始炒作港口与海上运输相关个股，其中明星个股是中成股份（000151），如图 4-13 所示。

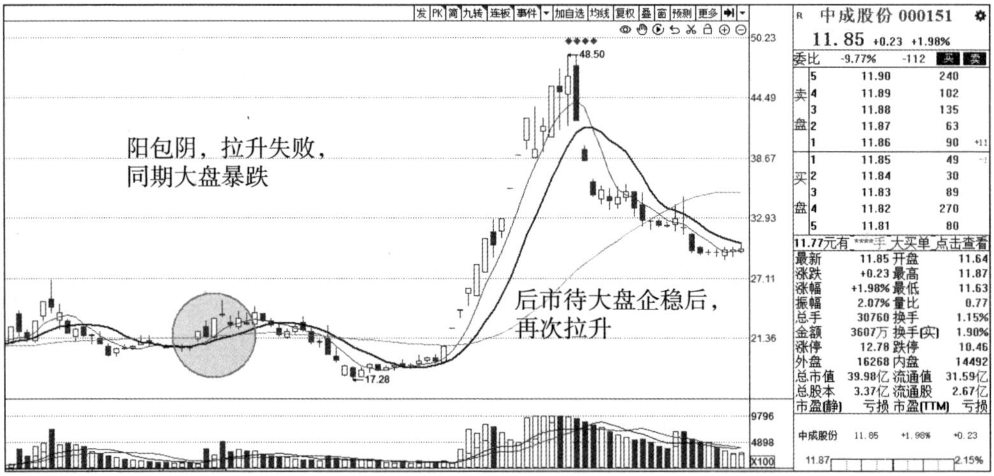

图 4-13　中成股份（000151）K 线走势图

2022 年 3 月至 4 月，市场主流炒作热点是房地产板块，龙头股有中交地产（000736）（见图 4-14）、天保基建（000965）（见图 4-15）、信达地产（600657）（见图 4-16）、建艺集团（002789）（见图 4-17）等。

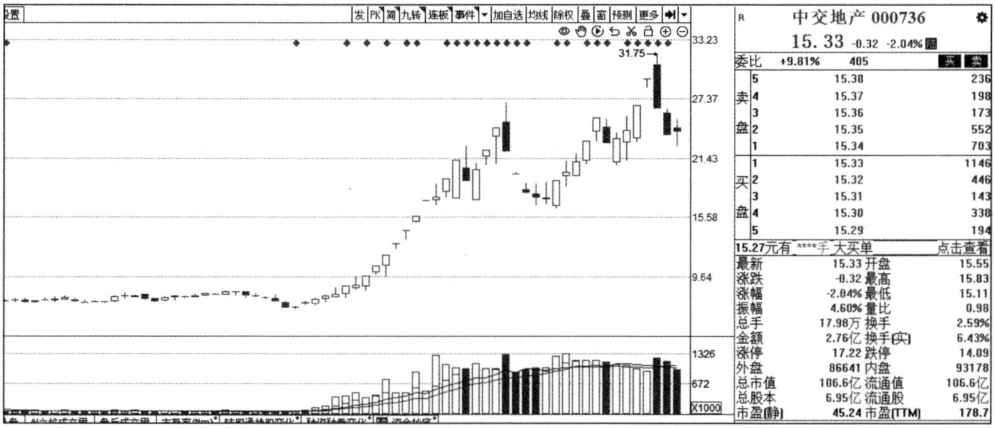

图 4-14　中交地产（000736）K 线走势图

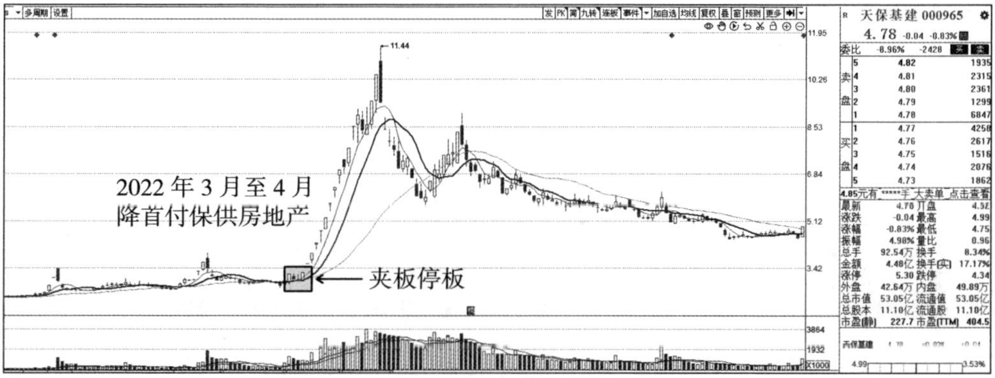

图 4-15　天保基建（000965）K 线走势图

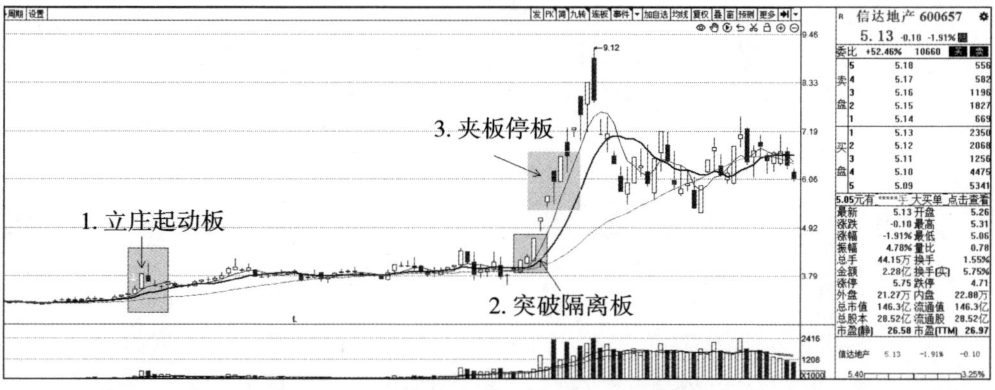

图 4-16　信达地产（600657）K 线走势图

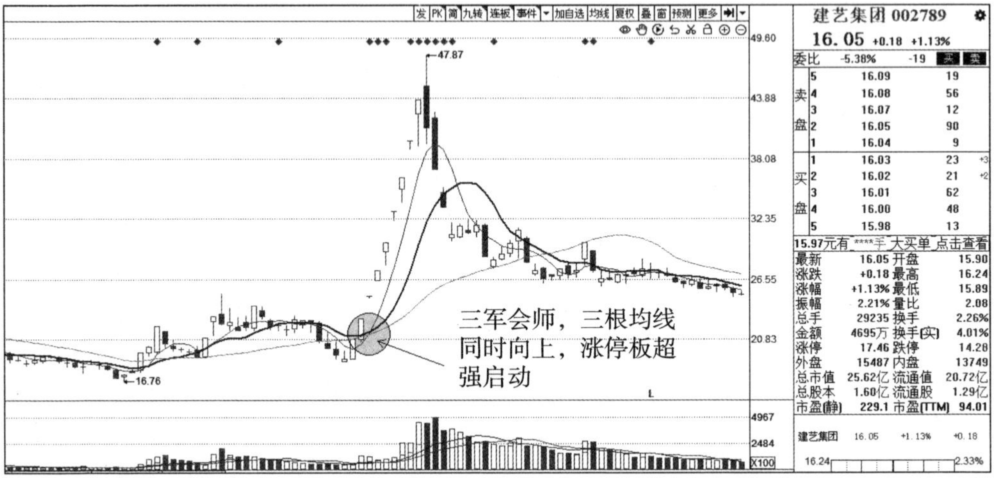

图 4-17　建艺集团（002789）K 线走势图

2022 年 5 月至 6 月，汽车制造业出现了芯片短缺现象，于是市场发起了一波炒作汽车芯片的热潮，其中主流炒作题材是无人驾驶概念。以前只要提到无人驾驶，市场就会炒作路畅科技（002813）这只股票，但这一次该股只是作为一个陪衬出场，龙头股是中通客车（000957）（见图 4-18）、广东鸿图（002101）（见图 4-19）、合力科技（603917）（见图 4-20）、浙江世宝（002703）（见图 4-21）等。

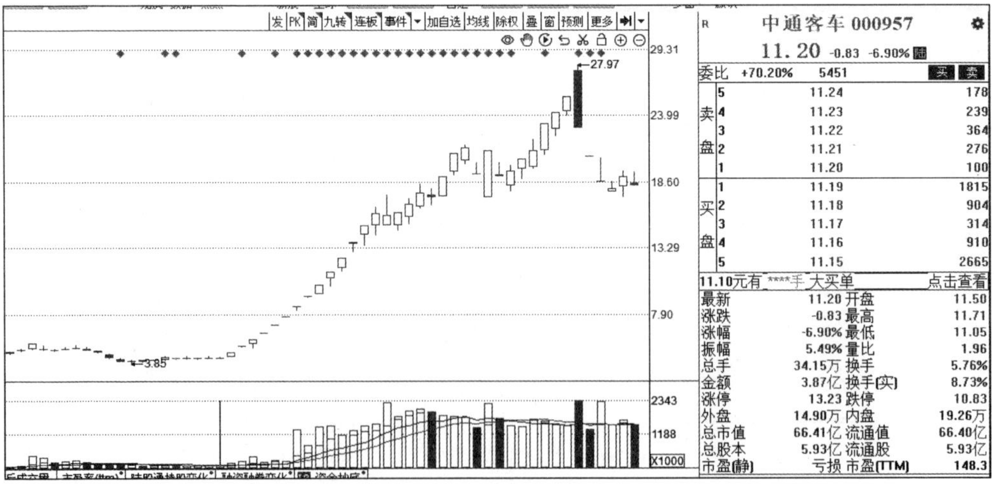

图 4-18　中通客车（000957）K 线走势图

中通客车（000957）之所以持续拉涨，源于该股还有一个叠加的概念，就是核酸检测车概念。在新冠疫情期间，一辆汽车就是一个流动的核酸检测点。

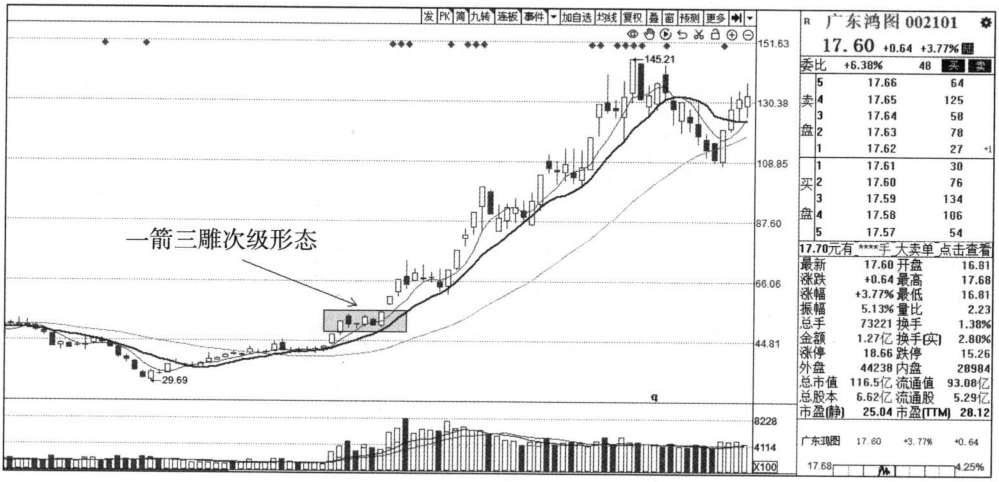

图 4-19　广东鸿图（002101）K 线走势图

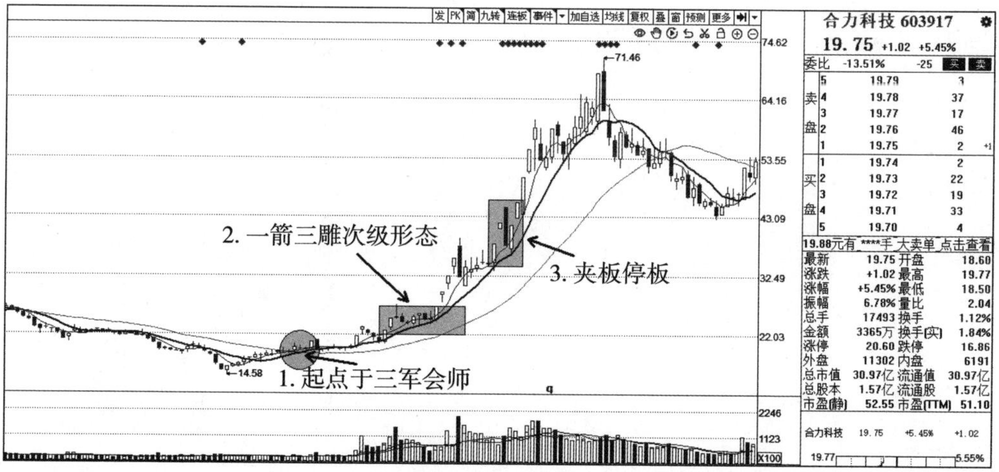

图 4-20　合力科技（603917）K 线走势图

浙江世宝（002703）依然采用了一箭三雕次级形态的手法进行拉升炒作。

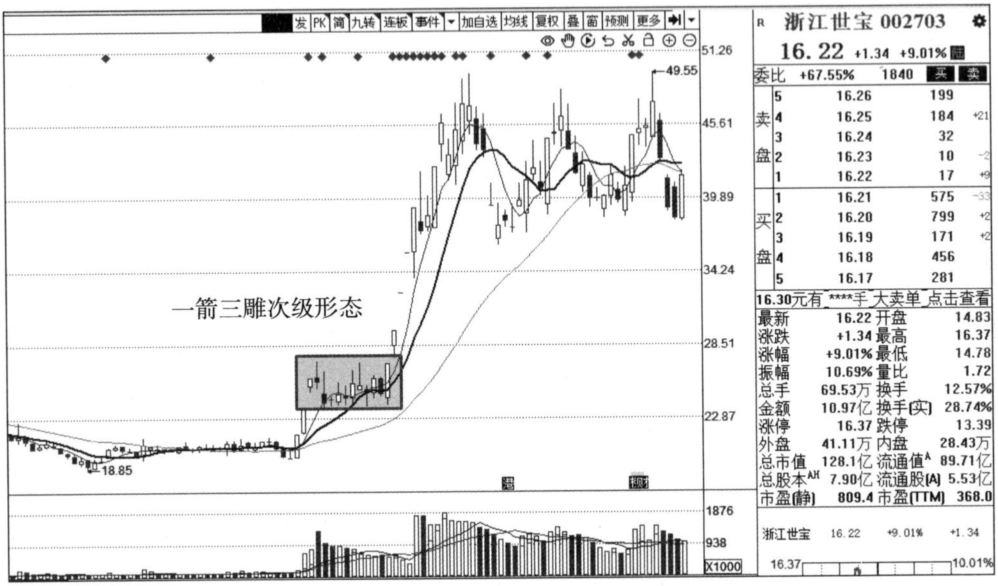

图 4-21 浙江世宝（002703）K 线走势图

2022 年 7 月至 8 月，芯片概念引发了工业机器人炒作，这是一个大题材，工业机器人板块内产生了一批大牛股。龙头股有宝馨科技（002514）（见图 4-22）、钒钛股份（000629）（见图 4-23）、巨轮智能（002031）（见图

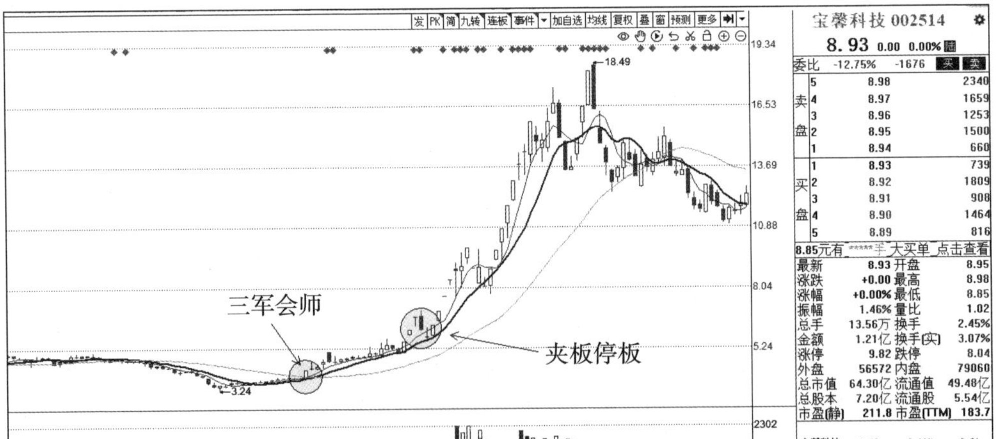

图 4-22 宝馨科技（002514）K 线走势图

4-24）、所示、金智科技（002090）（见图 4-25）、大连重工（002204）（见图 4-26）、大港股份（002077）（见图 4-27）、中大力德（002896）（见图 4-28）等，这些个股任意拿出一只来，都是翻倍大牛股。

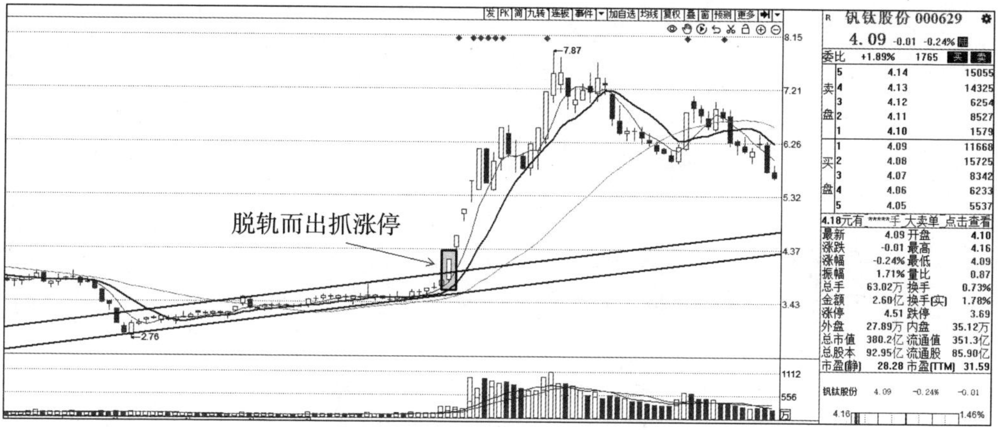

图 4-23　钒钛股份（000629）K 线走势图

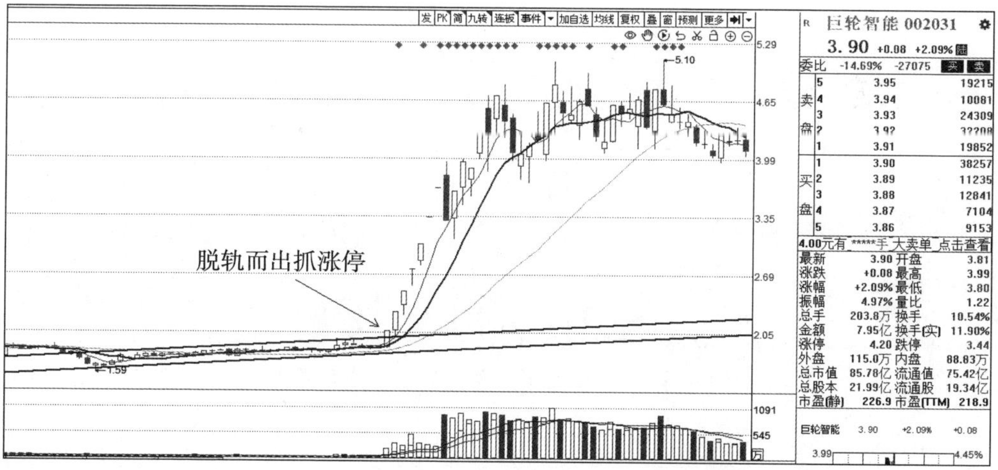

图 4-24　巨轮智能（002031）K 线走势图

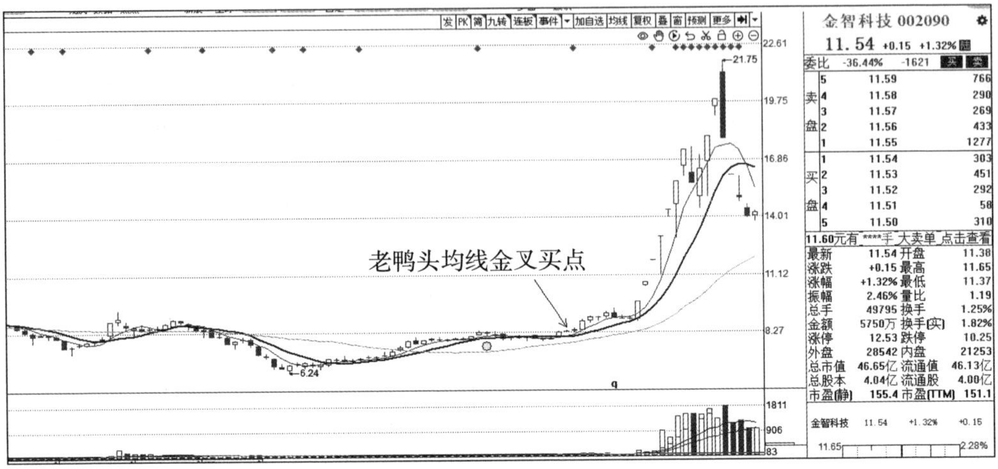

图 4-25　金智科技（002090）K 线走势图

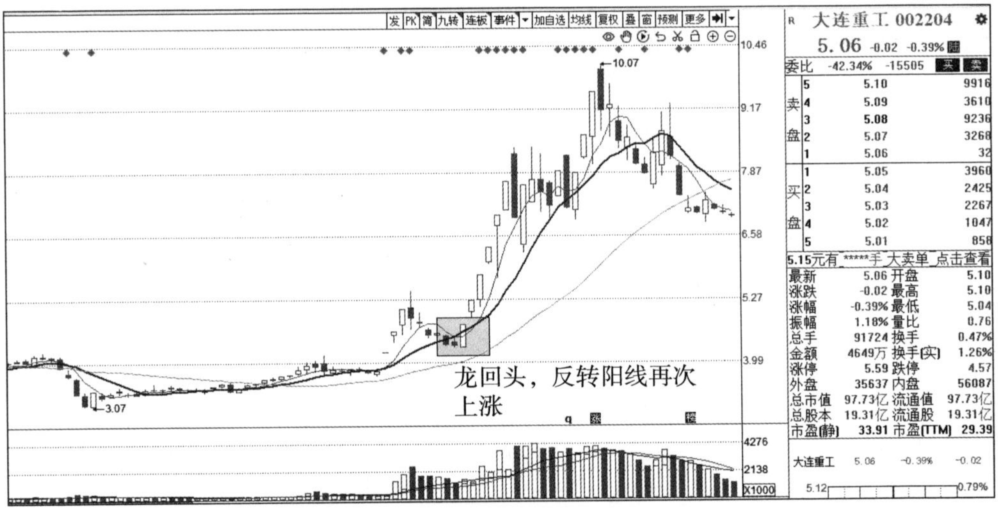

图 4-26　大连重工（002204）K 线走势图

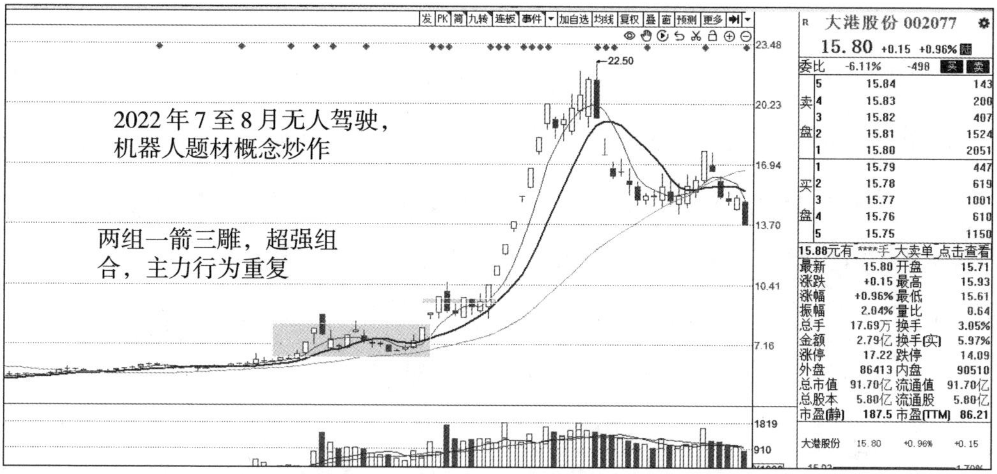

图 4-27　大港股份（002077）K 线走势图

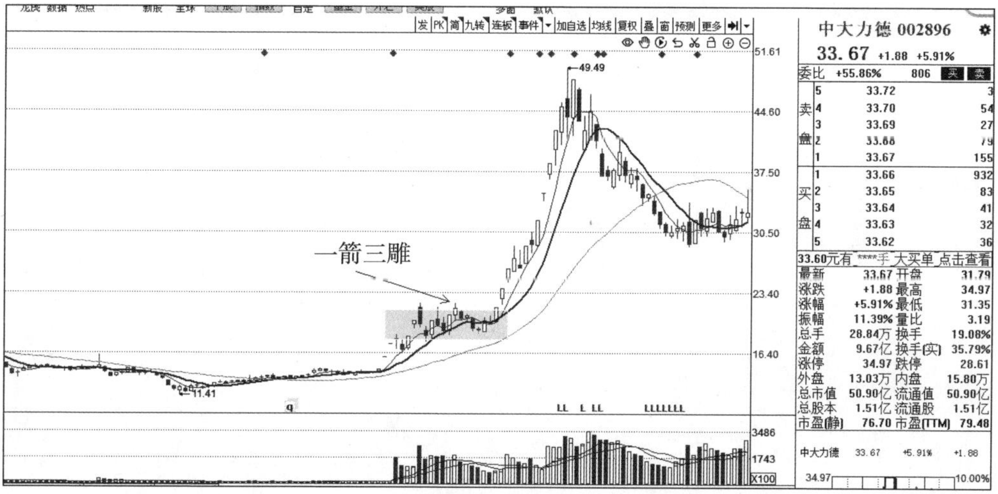

图 4-28　中大力德（002896）K 线走势图

机器人题材的炒作，主力资金是重仓参与的，可以说是 A 股市场不可多得的局部牛市。在饕餮盛宴散席之后，随后的一段时间里，热点题材炒作完毕，市场炒作热度减退，整体进入了调整期。

在市场混沌期过后，进入了为时一周的冰点期，复苏期过后，市场又出现了新龙头。

时间到了 2022 年 9 月，市场出现了新的炒作题材，信创板块的竞业达（003005）（见图 4-29）成为首先破冰的先锋龙头。同板块涨幅排名靠前的有南天信息（000948）（见图 4-30）、直真科技（003007）（见图 4-31）、真视通（002771）（见图 4-32）等。

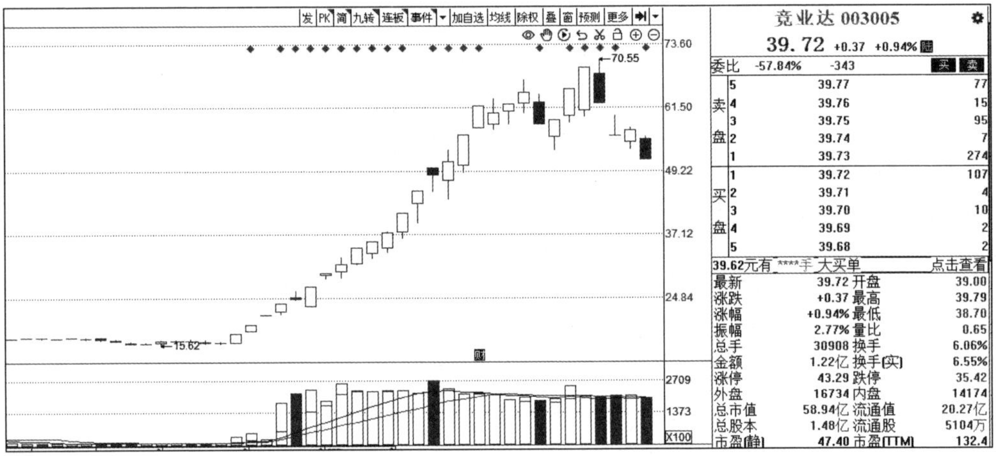

图 4-29　竞业达（003005）K 线走势图

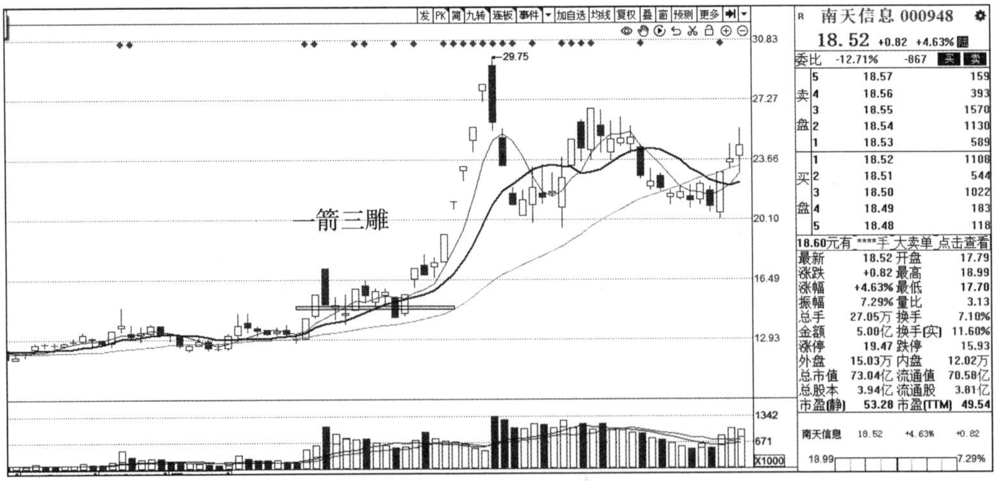

图 4-30　南天信息（000948）K 线走势图

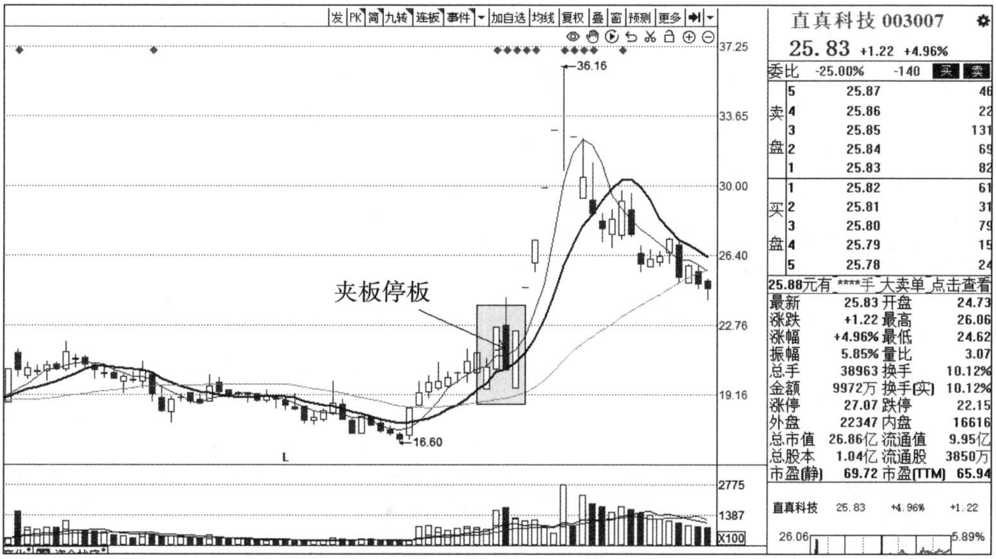

图 4-31　直真科技（003007）K 线走势图

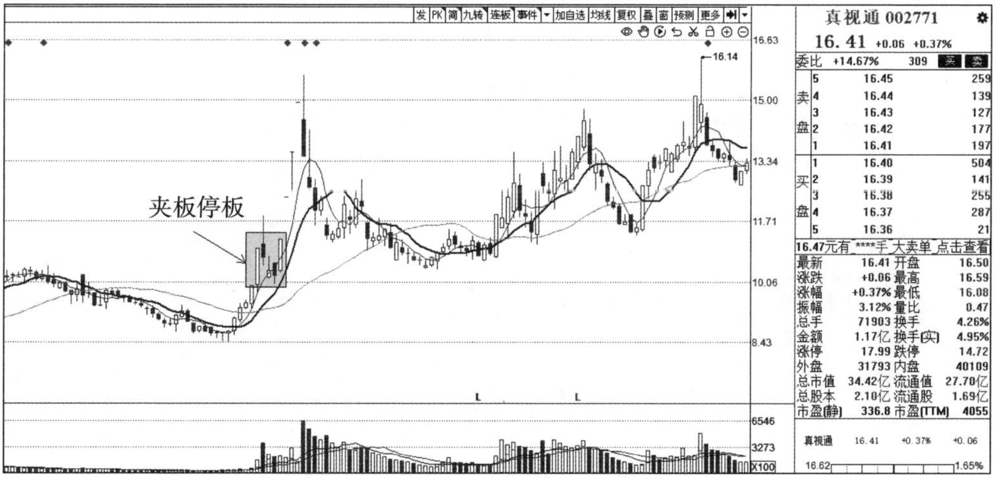

图 4-32　真视通（002771）K 线走势图

2022 年 10 月至 11 月，市场又炒作了 Web 3.0（概括互联网发展过程中的方向和特征）与供销社概念。Web 3.0 是一个小题材，题材的炒作要有通俗性、大众性，提出一个观点，市场资金都知道在炒作什么，如果是难以理解的一个题材，板块的领头个股没有强度也没有持续性。Web 3.0 这个概念没有出现有地位的市场龙头，但同时期的供销社概念板块倒是炒作了一波，代表个股有天鹅股份（603029）（见图 4-33）、中农联合（003042）（见图 4-34）、天禾股份（002999）（见图 4-35）等。如果投资者时时盯盘的话，上面所举的案例应该都是耳熟能详的。

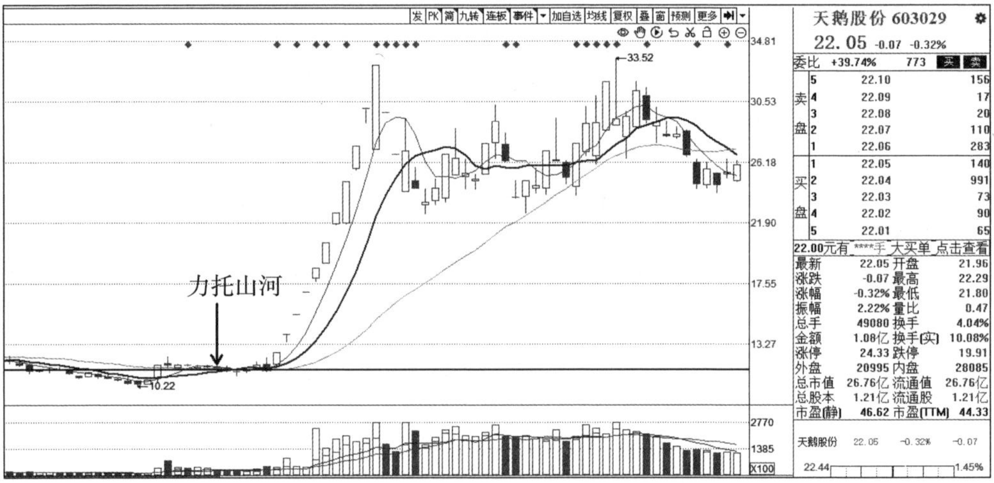

图 4-33　天鹅股份（603029）K 线走势图

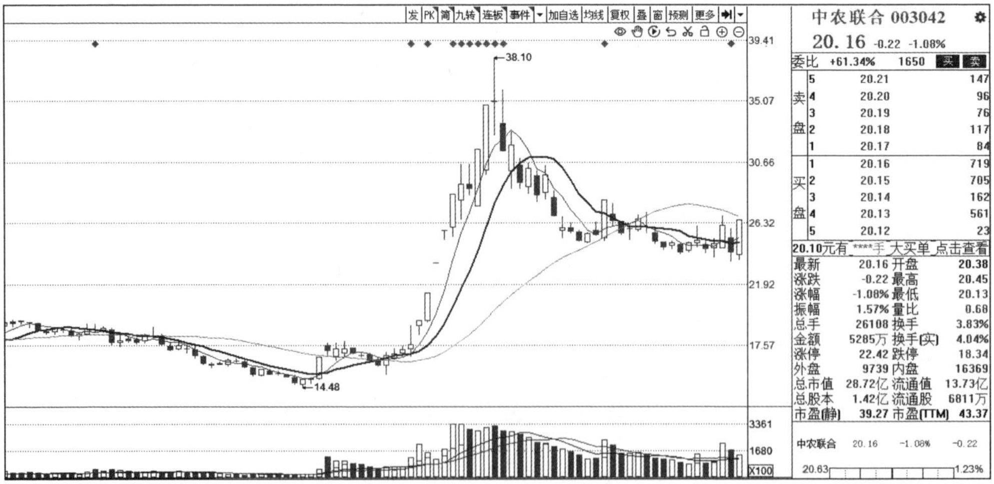

图 4-34　中农联合（003042）K 线走势图

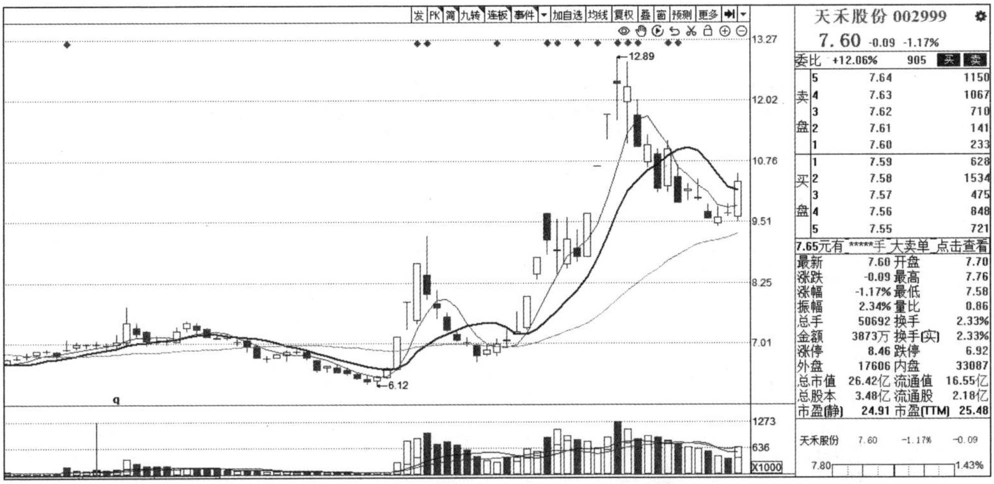

图 4-35　天禾股份（002999）K 线走势图

弹指一挥间，时间就到了年底。笔者没有参与市场交易，而是选择离场观望。以上列举的一些短线牛股，笔者所在团队基本上都有参与。

有什么方法能让中小投资者也有机会参与到炒作大牛股的热潮中呢？

这里将讲解强势龙头股的操盘技巧，通过这些内容，了解强势龙头股炒作的核心逻辑，告别不会选强势股和害怕追高被套的困境，掌握属于自己的打板方法。操作强势龙头股，只要基本功到位，执行就会变得很容易。

第二节　为什么要炒龙头股

美国股票投资家大作手杰西·劳伦斯顿·利弗莫尔（Jesse Lauriston Livermore）曾经说过："只研究当前最突出的股票，只投资最活跃的龙头股。如果你在龙头股上赚不到钱，那么你就不可能在股市中赚到钱。"

众所周知，强势龙头股是所有股票中最具赚钱效应的股票。无论投资也好，投机也罢，无论投资者喜欢赚快钱还是赚慢钱，来到股市的目的都是赚钱，强势龙头股本身就是最佳的投资标的。

一、强势龙头股的特征

什么是强势龙头股？强势龙头股一定是市场关注度最高、最具市场炒作概念且最能够激发和带动市场人气的个股。这类股票是普通投资者希望买到却又最不容易买到的个股。

市场关注度最高，这一点很好理解，是指各大媒体广泛报道且为广大投资者熟知的股票。最具市场炒作概念，是指该股一定是板块或概念炒作中的领涨个股，该股上涨具有领导效应，且能先发制人，炒作行情启动时能够最先涨停。能够激发和带动市场人气，这一点更好理解，强势龙头股即便在市场行情平淡时，也能够带动板块或其他众多个股齐声拉涨，激发市场活力，带动市场炒作人气。

这里需要强调的是，实战中要能够准确区分强势龙头股和跟风股的区别。跟风股是以龙头股为标杆，效仿龙头股的市场走势表现的股票。跟风股可能会与龙头股具备同样的板块或概念属性，比如都属于高送转、次新、国家政策扶持、新技术研发、上游原材料涨价等概念。但龙头股一定先于跟风股上涨，且涨幅明显大于跟风股。另外，龙头股上涨的持续性明显强于跟风股。投资者只要记住这些要点，区分真假龙头股就不是难事。

强势龙头股到底具备哪些显著特征呢？在此以曾经的次新龙头股三羊马（001317）做一些总结，如图 4-36 所示。

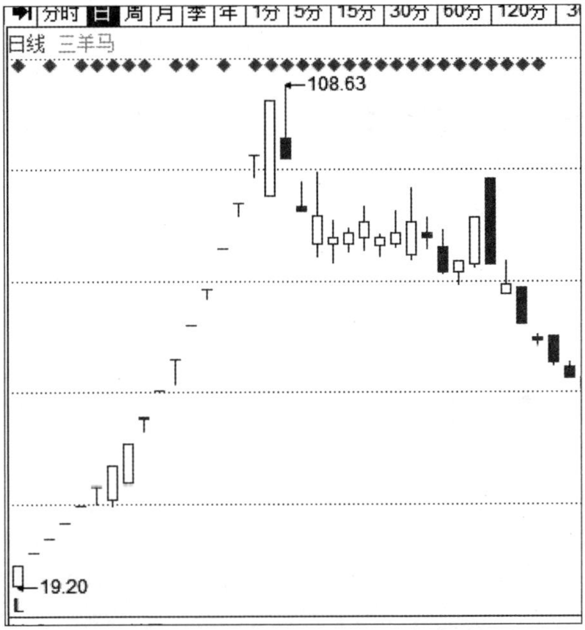

图 4-36　三羊马（001317）K 线走势图

一般来说，强势龙头股具有以下走势特征。

（1）短期市场涨幅巨大。强势龙头股短期涨幅不能小，不然怎么好意思当龙头。

（2）市场关注度高。在某一时段，强势龙头股是市场中众人皆知的"当红小生"。

（3）常见多个涨停。资金对筹码极度渴望，投资者疯狂抢筹，导致股价连续涨停。

（4）散户介入经常被套。发现强势龙头股需要敏锐的嗅觉，对于强势龙头股，散户总是后知后觉，待到发现某股走出强势龙头股走势后，常出现犹豫或恐高心理不敢介入。跟踪过程中，发现强势龙头股的走势实在太强了，最后按捺不住诱惑终于出手，结果成了高位接盘侠，所以散户往往对这类股票又爱又恨。

二、强势龙头股内在逻辑

近年来，A 股市场不断发行新股，上市股票已经超过 5000 只。主力拥有的资金量再庞大，也不会同时拉升太多股票，因此能够在同一时间出现在市场中的强势龙头股数量并不会很多。但是，总有一部分幸运儿受到主力资金的青睐，成为市场中最具赚钱效应的领头羊。那么如何理解强势龙头股呢？

首先，成为强势龙头股有两大直接诱因。

（1）市场自发形成。这种情况是指那些尚不清楚原因，但个股呈现批量和联动拉升上涨的炒作行情。有些时候，可能并不知道这个板块或概念的个股为什么会走强，但价格就是上涨了。实战中没必要深究这只股票为什么涨停，其实本质很简单，就是资金作用的结果。

（2）利好消息刺激。指由财经媒体发布或上市公司公告等对公司构成利好的消息。这些消息被市场认知后，一些先知先觉的资金开始采取行动，后知后觉的资金不甘踏空，最终场内各路资金共同发力，推动股价逐步走强。

其次，无论是哪种诱因出现强势龙头股，其内在动力都是主力资金在扫货拉升。这里要强调，研究强势龙头股的重点，并不在于各种技术指标、股票战法或利好消息，而在于资金本身。

最后，要正确理解强势龙头股形成的内在逻辑。实际上，一只股票的流通市值在一段时间内是基本稳定的。也就是说，流通盘中的可交易筹码是可见的。一只股票的筹码大致可以分为三类，一类是短线投资者一直交易的筹码；一类是永不交易的死亡筹码；还有一类就是庄家手中的筹码。机构和股东持有筹码的期限均较长，因而不会对短期筹码产生影响，所以对强势龙头股形成逻辑的研究，应该集中于资金和可交易筹码间的供求关系。

例如，一则利好消息发出后，短期会影响资金对股票筹码的需求，持币者产生购买欲望，不惜以高于市场价格追涨买入，推动股价上涨。持仓者产生惜售心理，不愿交出手中的筹码，加剧了可交易筹码的紧缺程度，其结果是股价涨停。

涨停代表股票当天的最高溢价。最先涨停的股票，从供需角度分析，表明资金对股票的需求欲望极大，并且筹码供给严重不足，所以股价才会涨停。由于资金有逐利的本性，当资金发现一些有较好溢价空间且具备超强赚钱效应的股票后，会一拥而上追高买入，这才是市场炒作资金的正常思维。通过以上讲解，要改变对市场的认知方式，学会从资金的角度去分析市场。

实际操作中，总有一些投资者对龙头股的炒作存在认知误区。比如有投资者问过这样的问题：“湖南板块有大利好，我埋伏湖南板块的一只股票，为什么它不涨？另外两只现在都已经涨飞啦！”

这就是典型的主观分析凌驾于市场之上，没有考虑市场资金炒作的目的。同一概念的股票很多，在一波炒作中，不是板块内所有的股票都能上涨。板块内的一些个股不涨，是因为它既不是龙头股，也不是跟风股。市场资金喜欢攻击的是赚钱效应最强、人气最旺的股票，如果一只股票没有资金去炒作，当然不会上涨了。这就是一直强调做股票要做强势龙头股的原因。在市场中参与炒作，一定要理解市场炒作的核心本质和内在逻辑，否则永远都入不了门。

三、强势龙头股炒作脉络

通过对上面知识的学习，一定对强势龙头股炒作的市场原理和内在逻辑有了更加深刻的理解。真正理解了这一点，就能感受到市场的呼吸与脉搏。

市场炒作脉络如图 4-37 所示。

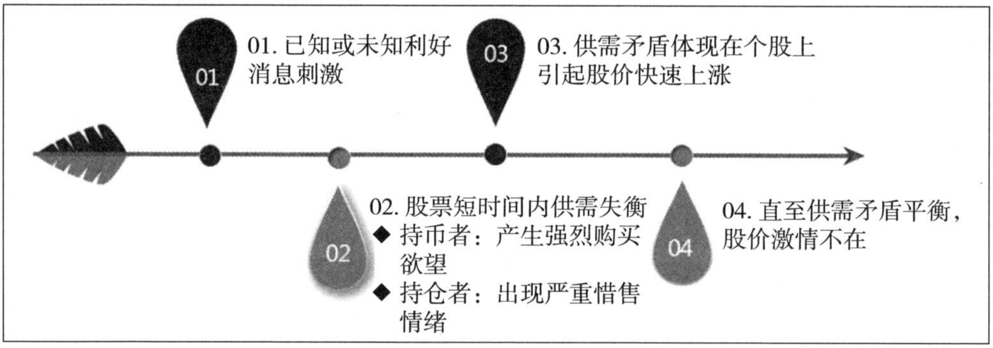

图 4-37　市场炒作脉络

（1）已知或未知利好消息，使得先知先觉的资金提前启动，开始布局强势龙头股。

（2）主力资金介入，导致短期内股票筹码供需失衡，持币者产生强烈的购买欲望，持仓者出现严重的惜售情绪。

（3）筹码供需失衡体现在股价上，引发股价快速上涨，甚至连续封涨停。

（4）股价上涨到一定幅度时，持仓者变现欲望越来越强，持币者也不再有追高意愿，此时筹码供需矛盾趋于平衡，股价开始振荡或回落。

第三节　挖掘强势龙头股

通过前面的讲解，投资者对强势龙头股的概念和内在逻辑有了更加深入的了解。如果说前面内容是给大家打基础，帮助大家正确认识炒股的本质，理解强势龙头股炒作的核心逻辑，那么这里讲解的内容更贴近实战。

接下来为大家讲解如何挖掘强势龙头股。

一、强势龙头股的分类

如果对龙头股进行分类，可能大家会有不同的分类方法。有的按行业板块划分，有的按股票市值大小划分，也有的按上市公司主营业务划分等。市场中最普遍的做法，是将龙头股划分为行业龙头股和概念龙头股。这里重点解释一下行业龙头股和概念龙头股有何区别。

行业龙头股是指在某一个行业或实体产业中起领军作用的企业，例如白色家电行业中的美的集团（000333）、格力电器（000651），钢铁行业中的宝钢股份（600019）。这些公司在其所属行业里具有标杆性质，企业规模和技术水平长期居于行业前列，所以叫作行业龙头股。

概念龙头股的定义非常宽泛，例如次新股概念、医美概念、特高压概念、高送转概念、数字货币等，概念板块中的个股可能并不属于某一特定行业，但在业务性质上具有一定的关联性。

前面反复跟大家强调，要用资金的角度去理解市场行为。从资金对股票的需求欲望及个股的涨跌幅度来衡量的话，概念龙头股才是大家在实战中需要重点关注的。

二、捕捉强势龙头股四步骤

选择交易标的股票，要坚持“严进宽出”的原则。作为实战操作的第一步，选股的重要性不言而喻。设想一下，如果在选股环节出现失误，那么后面的买卖操作都会失去其价值和意义。实战操作中，要捕捉到最具赚钱效应的强势龙头股，需要一定的方法。

下面是捕捉强势龙头股的实操四步骤。

步骤一：涨停复盘。交易结束后，将当天所有涨停的股票都找出来，按照相同的概念或板块对其进行归类，再按照时间顺序进行排序。

步骤二：确定当天概念或板块走势的强弱程度。从资金与筹码供求关系角度出发，对概念或板块进行分析。如果市场对某个概念或板块的筹码需求最旺盛，那么该概念或板块中涨停的个股数量应该最多。做这一工作的目的是找出群体效应最明显的板块，即市场中所谓的热点板块。比如 2023 年春节前夕，旅游、食品和跨境支付等概念股板块就受到了市场的热烈追捧。

步骤三：找出每个板块中资金攻击意愿最强的个股。如何判定热点板块中哪只股票是资金攻击欲望最强的个股呢？实战中要遵循以下两点原则。

（1）涨停时间优先原则。找到涨停时间最早的股票，该股票很有可能属于强势龙头股。

（2）涨停连板数量原则。通过统计找出连板数量最多的个股，该股票很有可能属于强势龙头股。

这样做的目的在于，在同一概念板块中迅速捕捉到资金需求最大、最具赚钱效应的强势龙头股。

步骤四：通过以上三个步骤选出的股票，加入自选股票池中，作为强势龙头股的备选股票。

三、实战解析

接下来通过实际案例，展示如何通过上面四个步骤筛选出强势龙头股。

2022 年出现的大牛股，前面已经梳理出来了。这里把时间往前推，以 2020 年的几只大牛股为例进行讲解。

2020 年新冠疫情暴发，防护口罩遭抢购脱销。除普通医用口罩之外，防护性更好的 N95 型口罩也出现了热卖。由于口罩需求量极大，主营业务与口罩相关的概念股当仁不让地一飞冲天，泰达股份（000652）（见图 4-38）、道恩股份（002838）（见图 4-39）等口罩相关概念股都出现了大幅上涨。

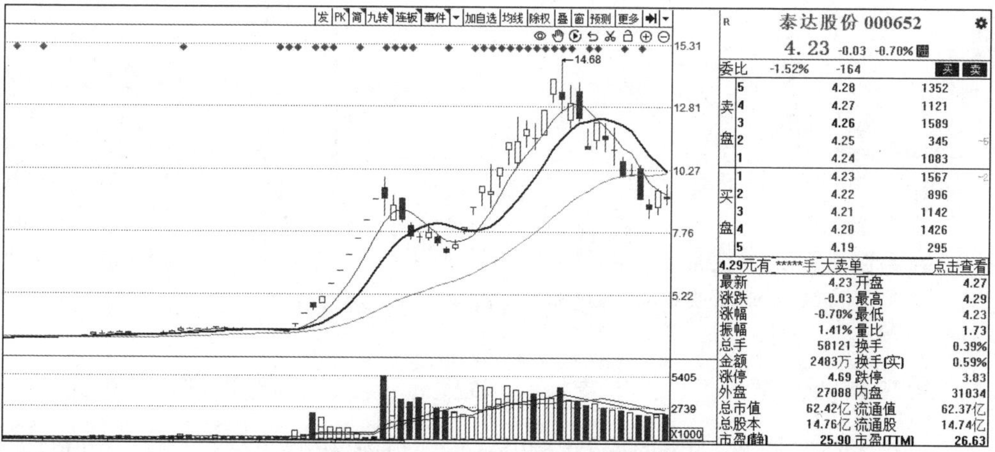

图 4-38　泰达股份（000652）K 线走势图

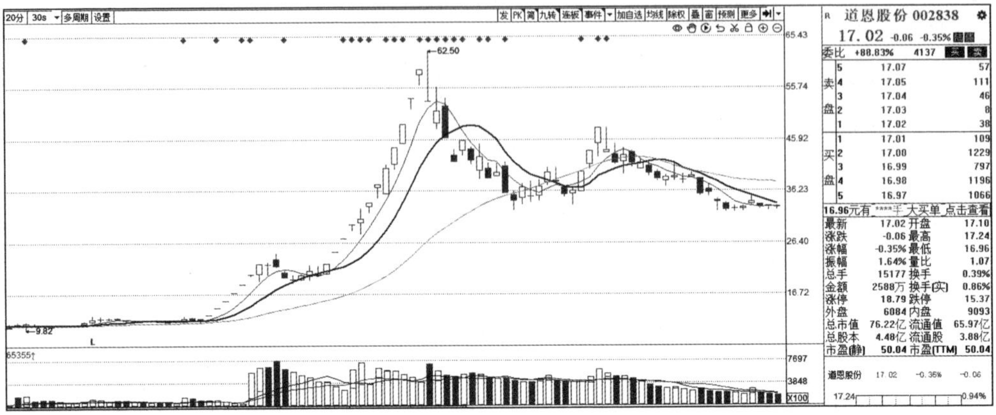

图 4-39　道恩股份（002838）K 线走势图

在疫情持续的背景下，与新冠病毒、流感、超级真菌相关的生物医药个股开始拉升，鲁抗医药（600789）（见图 4-40）、联环药业（600513）（见图 4-41）及同板块个股均出现了大涨。

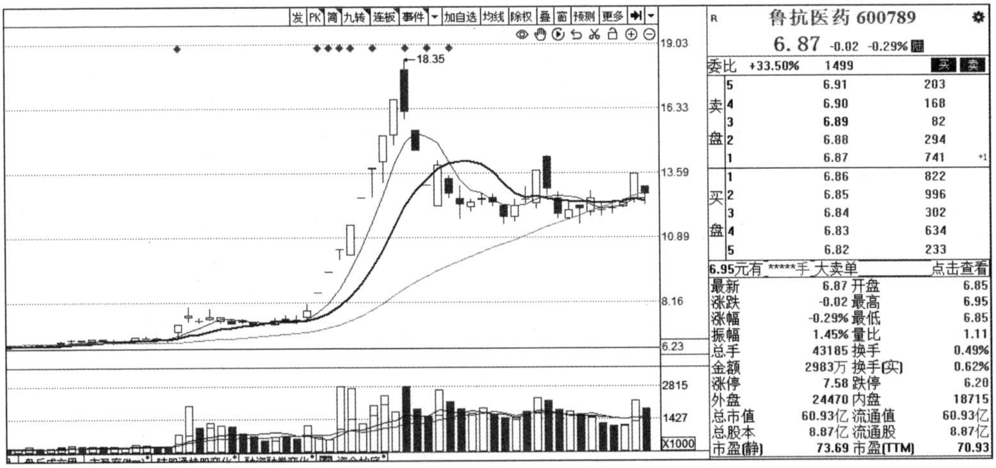

图 4-40　鲁抗医药（600789）K 线走势图

2020 年 4 月至 5 月，为了支持经济复苏，国家鼓励自主创业，由此产生了“地摊经济”概念。小商品城（600415）（见图 4-42）、王府井（600859）（见图 4-43）等零售地摊概念股出现了大幅上涨。

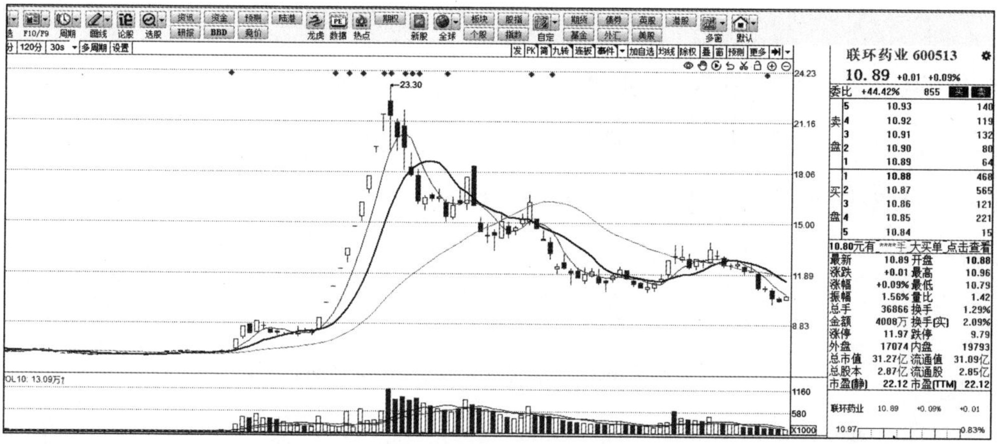

图 4-41　联环药业（600513）K 线走势图

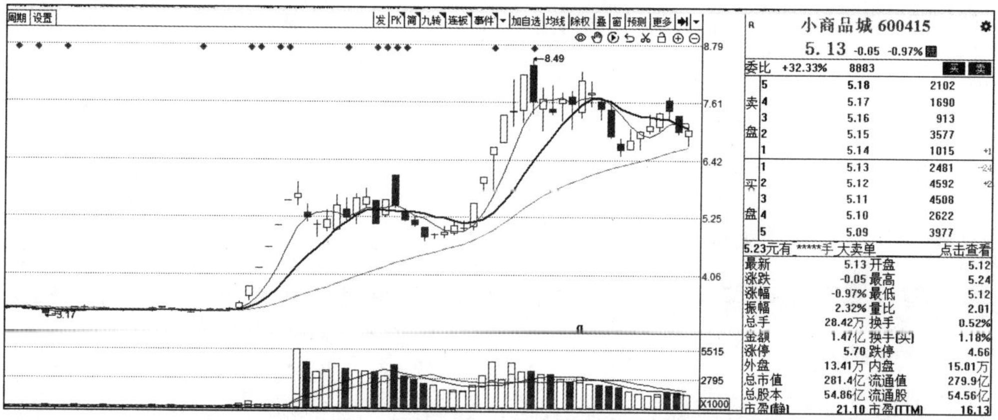

图 4-42　小商品城（600415）K 线走势图

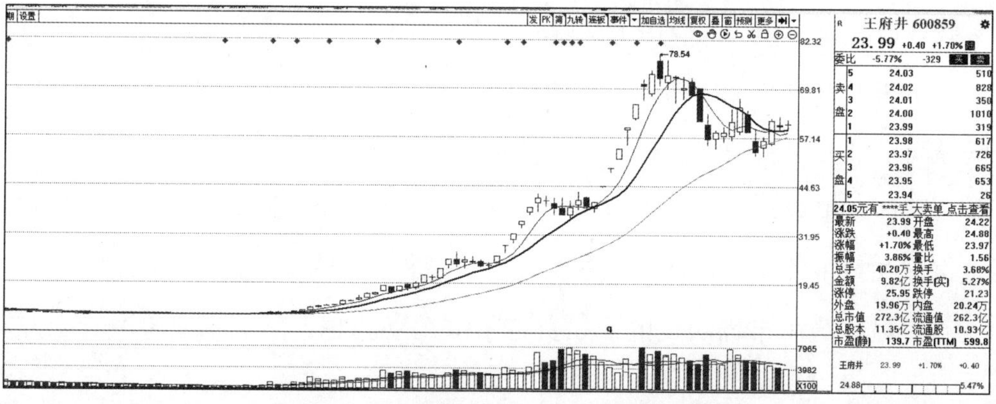

图 4-43　王府井（600859）K 线走势图

一年中受到市场热炒的概念，能走出大行情的可能也就那么几只，这是让资金快速膨胀和做大的绝佳机会。面对概念炒作，不要怕追高，一定要敢于上车，这一点在实战操盘时要切记，买入并持有，不为中间的涨涨跌跌所动。如图 4-44 所示，笔者在佳力图（603912）这只股票上获得了好几倍的利润。

佳力图	603912	+282.54%
现价	25.290	持仓
成本	6.611	可用

图 4-44　佳力图（603912）持仓利润图

不知有没有注意到，笔者在筛选强势龙头股时，没有使用任何指标或者战法形态来选股，只是使用资金与筹码的逻辑关系进行选股。其中的道理很简单，股价上涨背后，必然伴随着资金对筹码的需求，只有资金需求大于筹码供给，股价才会上涨，继而引发赚钱效应，资金才会不断地进入，推动股价持续上涨。

当然，股价不可能无边际地上涨，只有当资金需求弱于筹码抛售，持仓者相继卖出筹码变现，多空平衡才会被打破，伴随的是个股赚钱效应消失，亏钱效应加大，股价就此由上涨转为下跌。

有些投资者可能会有疑问：是不是只要从复盘时找出来涨停股票，第二天就可以“无脑”杀入了？

错！这里只是强调挖掘强势龙头股一定要遵循资金和筹码的供需关系，从供需关系中筛选出可能成为强势龙头股的潜在标的。至于哪些股票会大幅上涨，最终是由市场决定的，投资者不能主观臆想，猜测哪只股票会上涨。

不是看见涨停个股就去买，而是要看形态和逻辑。

看形态，就用掌握的技术形态看；看逻辑，就是找到市场的热点题材。

这里再强调一点，在实战交易中，只能遵从市场，顺应市场，让市场决定哪只股票能够从备选股“转正”，然后再通过一些买卖技巧，把握其中的投资机会。

下面对本节内容做一个简单梳理。实际上，本节内容的目的是要掌握“三个一”。

（1）一种思路：尊重市场，顺势而为，主观臆想不能凌驾于市场走势之上。市场走一步就跟随一步，紧跟市场热点，不早于市场一拍，不晚于市场一拍，可比市场慢半拍。

（2）一种工具：看哪个板块涨幅最大，涨停个股最多，这是洞察主力资金动向的利器。

（3）一种方法：捕捉强势龙头股实操四步骤，新手易学、易懂、易复制。

第五章

龙头股盘中操作重点

第一节　龙头股买卖技巧

一、买入条件

大部分投资者在买入股票时，最关注的是买入方式、买入价格以及各种形态战法的买卖点等，却忽略了 A 股本身实行的 T+1 交易规则。实际上，不管投资者当日以何种方式买入筹码，或者账面盈亏如何，买入当天都是不可以卖出的。也就是说，最快次日才可以将当日买入的筹码变现。既然这样，对股票买入的认知如果还停留在上述几点，就显得有些肤浅了。前面强调做出买入决策的出发点是资金与筹码的博弈关系，买入时，还要判断下一个交易日是否大概率能够获利出局。

前面讲解的选择强势龙头股实操四步骤，目的是让投资者明白如何通过涨停复盘来挖掘强势龙头股。

一旦筛选出符合条件的强势龙头股作为备选介入标的后，下一步要做的就是验明这些备选强势龙头股的真伪，并尝试通过一些分析工具寻找买入时机。

如何判断龙头股是否具备买入条件、何时买入安全性最高、买入后次日能否产生足够的溢价并获利了结，这是决定买入时需要考虑的问题。

步骤一：估算空方力量。指估算现在有多少持仓筹码会成为明天卖出砸盘的潜在空方力量。

一只股票的流通盘中，短期可参与交易的筹码数量是有限的，而且这些筹码不可能在一天之内全部交易，所以一只股票的成交量和换手率通常会维持在一个相对稳定的状态。实战操盘中，买入时要找到近期换手率或成交量最大、最活跃的股票作为分析对象。

步骤二：观察多方态度。观察最近两个交易日目标股集合竞价及开盘价情况，其中股价能否高开是决定是否介入的关键。股价高开证明资金继续抢筹上攻的意愿强烈，之后股价才具备持续上升的动力。

若目标股是市场真正的强势龙头股，集合竞价时应该有资金愿意继续高溢价抢筹，所以股价高开是开盘后股价继续走强的基础。

步骤三：检验大单买卖意愿。观察强势龙头股在股价连涨情况下，是否还有主力大单愿意在关键位置抬拉股价。如果有大单主动拉抬股价，该股后期继续涨停的概率就会大大增加。

初步估算空方（对手盘）力量，明确多方态度，那么如何根据大单买卖意愿确定买入时机呢？这里运用资金与筹码的逻辑关系，教大家如何"算"出买入时机。

（1）通过分时大单表现和价格走势计算筹码抛压，等待最佳介入时点。分时成交明细是查看大单动向的途径之一，连续万手以上的买入大单是主力进场的信号。

（2）对手盘抛售筹码，换手充分，说明潜在风险释放。如果盘中封涨停板之后开板，并再次封板，这种分时涨停走势叫作对勾板，对勾板走势说明潜在风险得到了释放。

市场永远不缺乏机会，强势龙头股也不会永远一字板涨停，盘中总会有换手机会可以介入。实战中，一个重要的任务就是尽可能降低不确定性风险。

在这里，很多投资者存在一个操作误区，就是看到有大单卖出就格外恐惧，看到有大单买入就盲目追涨。如果用资金与筹码的逻辑关系来思考这个问题，就会得到不同的结论。昨天获利的对手盘大单出货交出筹码，空方将筹码抛售完了，是不是持币者的做多机会就来了？所以，实战中完全没必要害怕那些已经卖出的筹码，而应该把目光聚焦在那些还握有筹码没有卖出的主力身上，因为他们随时都有可能在盘中兑现筹码砸盘，这才是买入短线面对的最大风险。

这里讲解的重点不是买入一只强势龙头股能赚多少钱，而是希望投资者认清推升股价上涨的背后本质，纠正一些之前炒股的错误认知。站在战略高点，充分理解市场交易规则，从资金与筹码的逻辑关系出发思考问题，才会对大家的操作有实质性帮助。

讲到这里，可能已经有很多投资者按捺不住想要开始操作了。这种急迫心情可以理解，但一定要注意，在交易体系还不够完善的情况下，先掌握风险控制技巧，再利用讲解的买卖技巧进行模拟盘交易或实盘小仓位练习，待积累出足够的实战经验并提升交易成功率后，再考虑进一步的实盘操作。

二、卖出技巧及风险控制

这里着重讲解强势龙头股的卖出技巧及风险控制方法。

1. 持有与卖出核心逻辑

操作强势龙头股，不管是选股、买入，还是持仓、卖出，抑或是风险控制，都应该严格以资金与筹码的逻辑关系去考虑问题。

2. 短线操作基本原则

短线操作的基本原则是要确保本金安全，保证利润安全，在本金和利润安全的前提下实现收益最大化。

为什么要强调短线操作的基本原则呢？因为很多投资者无论在投资决策

还是实际操作中，总是把收益最大化放在第一位，完全忽视了本金和利润的安全。比如，很多人买入一只股票，买入后本来是盈利的，但当分时走势已经明显走弱时，仍然持股不动，幻想股价第二天会再度拉升上来，忽略了本金和利润为先的短线操盘基本原则，结果是持股坐了一趟过山车，账户从赚钱变成亏钱。

所以在讲解强势龙头股持仓和卖出前，要先明确短线操作的基本原则：首先是保证本金安全，其次是利润安全，最后才是设法实现利润最大化。

3. 判断持有与卖出的因素

包括强势龙头股在内的所有股票，次日开盘走势无非就是图 5-1 所展示的这九种分时走势形态。

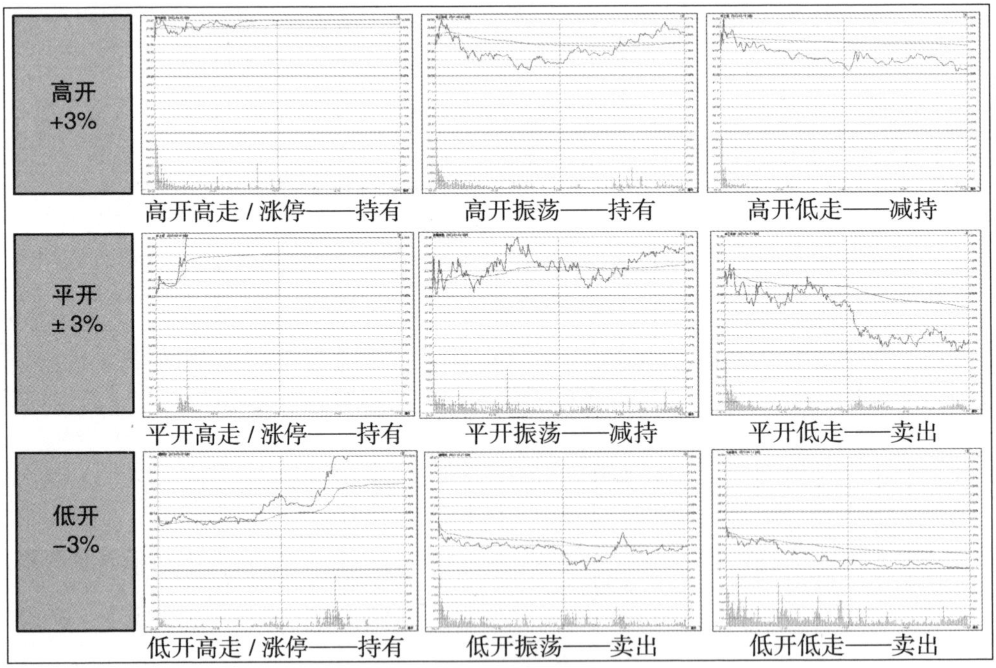

图 5-1　九种分时走势形态

在这些走势形态中，什么样的形态可以继续持仓，什么样的形态需要减仓和卖出呢？图 5-1 中以 T-1 日收盘价和 T 日分时图走势作为两大判定依据，按照资金与筹码的逻辑关系，对强势龙头股的持有与卖出进行了分析。

4. 强势龙头股持有的四种形态

当龙头股的盘面特征出现如下四种分时状态，投资者应做出持有或加仓的临盘反应，如图 5-2 所示。

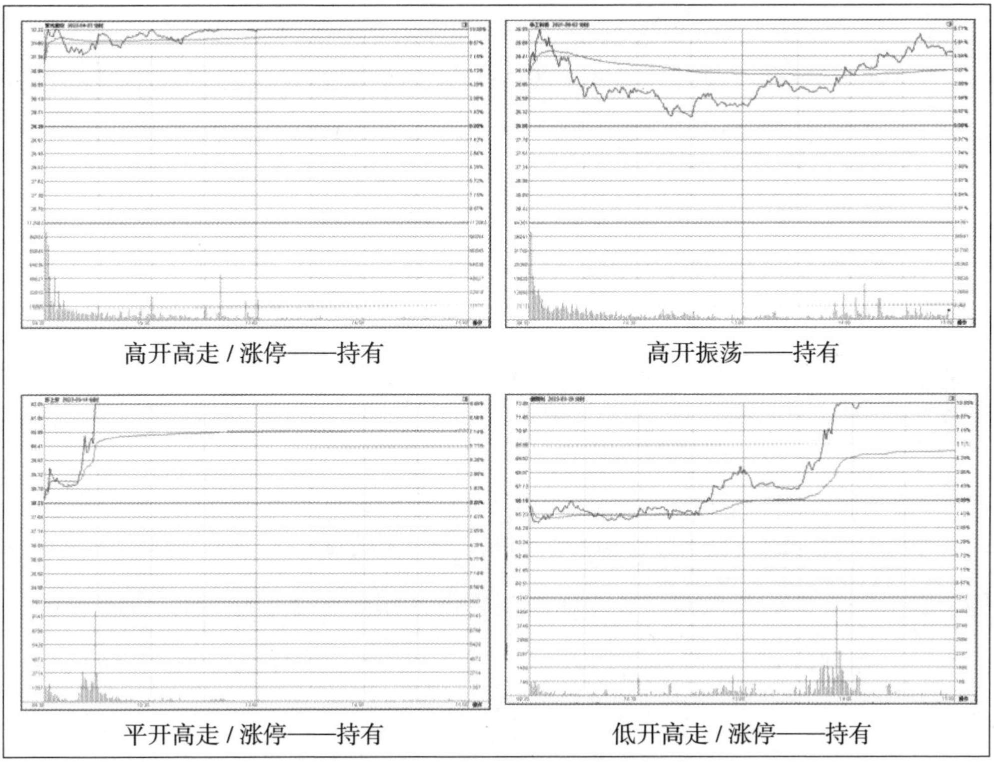

高开高走 / 涨停——持有　　高开振荡——持有

平开高走 / 涨停——持有　　低开高走 / 涨停——持有

图 5-2　强势龙头股持有的四种分时走势形态

（1）高开高走、高开涨停与高开振荡。强势龙头股 T 日高开后，无论是高开涨停或是高开振荡，与 T-1 日收盘价相比，实际上股价走势仍处在高位，并且从资金与筹码供需关系看，资金对筹码的强烈需求欲望没有发生任何实质性变化，所以毫无疑问，这种情况是可以继续持有的。

（2）平开高走或平开涨停。平开后什么情况下可以继续持仓呢？平开显然没有高开显得人气充足，这时就需要观察资金对筹码的需求欲望是否依旧强烈，体现在盘面上，就是开盘 10 分钟后，股价出现明显的异动拉升。如果主力资金通过高溢价的方式获取筹码，进而推动股价冲高或涨停，表明资金对筹码的需求欲望依旧很高，这种情况也是可以持有的。

（3）低开高走或低开涨停。经过集合竞价后开盘低开，从某种意义上说明主力资金对后期股价运行采取弱势态度。只要强势龙头股开盘出现跌幅超过 3% 的低开，就需要保持高度警惕，观察主力资金能否在开盘 10 分钟内抑制住市场的恐慌抛售情绪，重新组织资金吸筹和拉升股价。如果股价快速翻红，表明资金对筹码的需求依旧充足，能够维持股价上涨，那么之后股价重新冲高或涨停都是可能的，此时应该持仓观望。

以上属于应该持有观望的走势情况。

5. 强势龙头股减持的两种形态

什么样的分时走势代表资金对筹码的获取欲望减弱了呢？当出现以下两种分时形态，可能预示着短线操作需要减持，如图 5-3 所示。

（1）高开低走。股价虽然高开，但盘中并没有能够组织起有效的上攻，随着时间的推移，股价振荡下行。若 T 日盘中最低价格仍高于 T-1 日收盘价，证明股价依旧运行在相对高位，只不过资金对筹码的获取欲望减弱了。这种情况通常是股价疲弱回落的风险征兆，虽没有必要全部抛售，但是实战中应该减持。

（2）平开振荡。股价 T 日分时走势并没有快速拉升或下砸，全天维持振荡盘整格局。该形态也代表资金对筹码的获取欲望减弱，理论上需要做适当的减持操作。

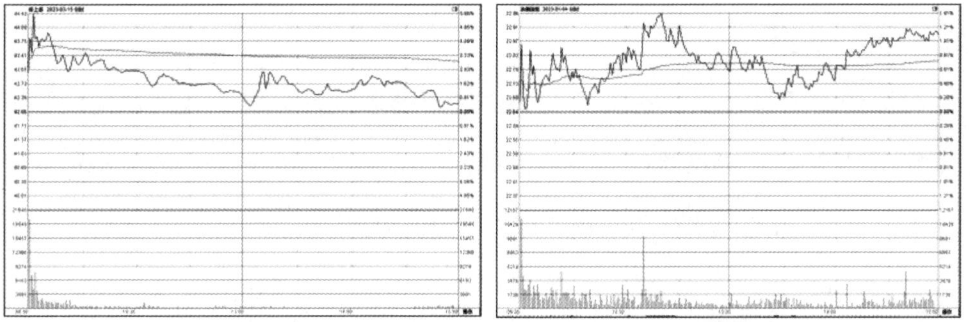

高开低走 / 减持　　　　平开振荡 / 减持

图 5-3　强势龙头股减持的两种分时走势形态

6. 强势龙头股卖出的三种形态

图 5-4 所示的三种形态是应该注意风险的形态。

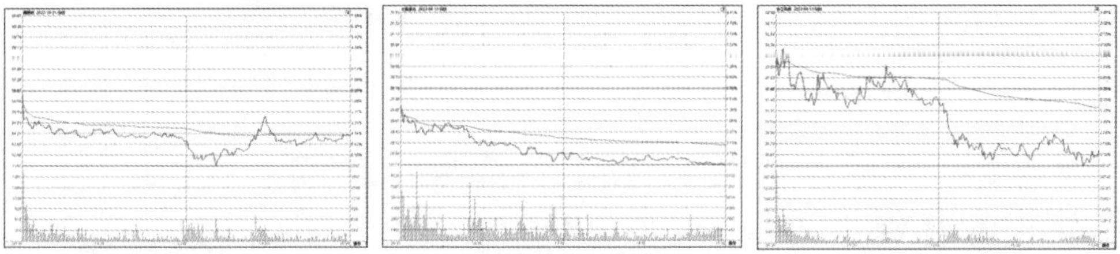

低开振荡 / 卖出　　　　低开低走 / 卖出　　　　平开低走 / 卖出

图 5-4　强势龙头股卖出的三种分时走势形态

（1）低开振荡与低开低走。开盘后股价明显下砸或始终维持在低位振荡，证明筹码供给十分巨大，甚至可能出现恐慌性杀跌走势。大量筹码获利了结，反映出资金对筹码已出现厌恶情绪，此时投资者走得越快越好。

（2）平开低走。股价在分时走势中呈现振荡走弱态势，表明多方已无心恋战，盘面走势毫无生机，市场中抛售筹码的欲望明显大于资金需求的欲望，即便股价不出现大幅度下跌，多方也大势已去，此时卖出是最正确的选择。

上面以 T-1 日收盘价和 T 日分时图走势作为判定依据，逐一分析了股价分时走势运行的九种形态，以资金与筹码的逻辑关系对强势龙头股的持有、减持和卖出做了归类。

市场走势瞬息万变。在实际交易中，不能单纯地以分时走势决定一只股票的买卖决策，还需要通过其他途径或方法，判断资金对筹码的获取欲望是否有明显减退，这才是操作持有或卖出的核心逻辑。

第二节　龙头股走势判断

一、强势龙头股的两种走势形态

下面讲解一下主力操作强势龙头股的两种惯用手法。

强势龙头股短期内股价涨幅较大，如果按强势龙头股走势表现划分的话，可以将其划分为一气呵成式和空中加油式两种，如图 5-5 所示，从走势形态上划分，可以归纳为一字上涨型和 N 形。

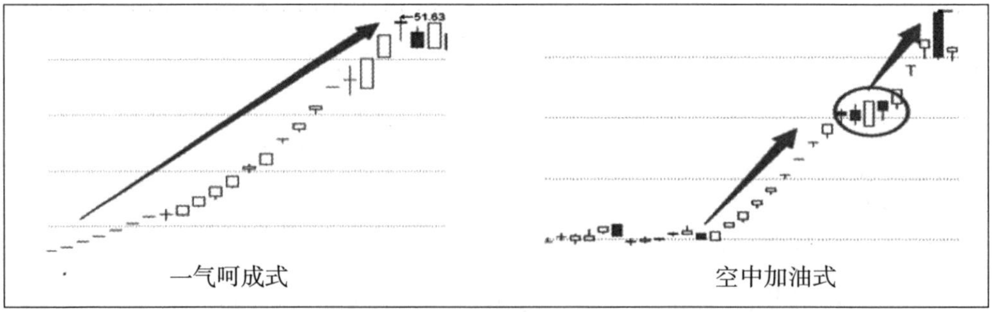

图 5-5　强势龙头股的两种拉升走势

1. 强势龙头股的两种主力操作模式

一气呵成式是指股价从低位启动上涨后，中间没有经过任何调整，股价直接上涨至顶部。

空中加油式的走势特征是第一波上涨走势显得很干脆，与一气呵成式走势基本相同。当股价涨幅相对较大时，市场供需平衡被打破，一部分筹码急于获利兑现出局，导致股价在相对高位出现盘整。但过不了几个交易日，股价又再度拉升，呈现出空中加油的走势。这种走势股价涨幅往往更大，交易者如能在股价启动时入场，获利将会十分丰厚。如 2017 年的贵州燃气（600903）（见图 5-6）和曾经的大牛股万兴科技（300624）（见图 5-7），主力拉升时都采用了这种方式。

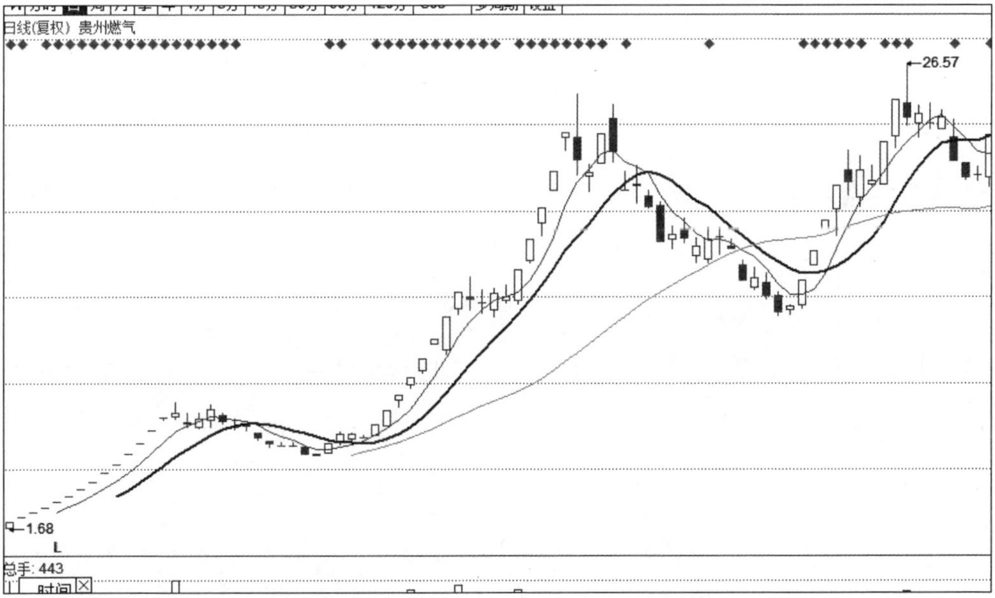

图 5-6　贵州燃气（600903）K 线走势图

图 5-7　万兴科技（300624）K 线走势图

2. 主力在股价拉升中的作用

在这两种拉升走势中，主力分别起到了什么作用？投资者该如何分析股价走势呢？

很多投资者，包括一些有经验的投资者，对庄家和主力的操盘方式在理解上容易模式化，并且这种思维根深蒂固。他们认为股价上涨一定是庄家按照套路先在低位建仓，随着时间的推移，股价逐步抬高。主力吸纳到足够的筹码后进行洗盘，随即大举进攻，将股价一路拉升至顶部，获利丰厚后再派发筹码，兑现出局。如图 5-8 所示，中公高科（603860）的走势就是主力在低位建仓后，中间经过洗盘和拉升，在高位派发离场。

但是谁能够真的说清楚主力到底在哪里，谁是主力？所有的股票上涨走势都是这种模式和套路吗？答案并不尽然。下面通过实际案例，阐述如何正确认识市场中的主力。

如图 5-9 所示，从德新科技（603032）在 2018 年 8 月 30 日的分时走势图中可以看出，虽然其在 10:30 前曾涨停，但没过多久就被抛盘砸开。相信很多投资者在实盘交易中都遇到过这种分时走势情况。分时涨停被砸开，是主力在逢高出货，还是制造盘中恐慌情绪，骗投资者交出筹码呢？

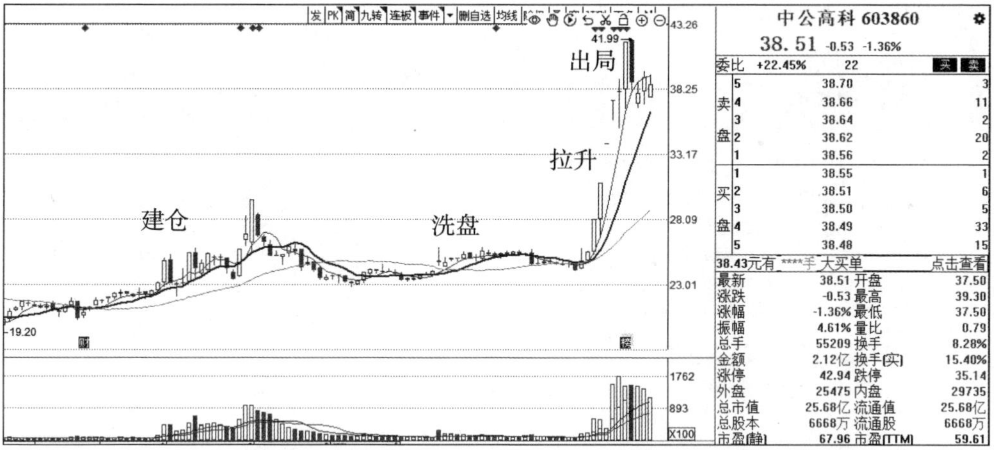

图 5-8　中公高科（603860）K 线走势图

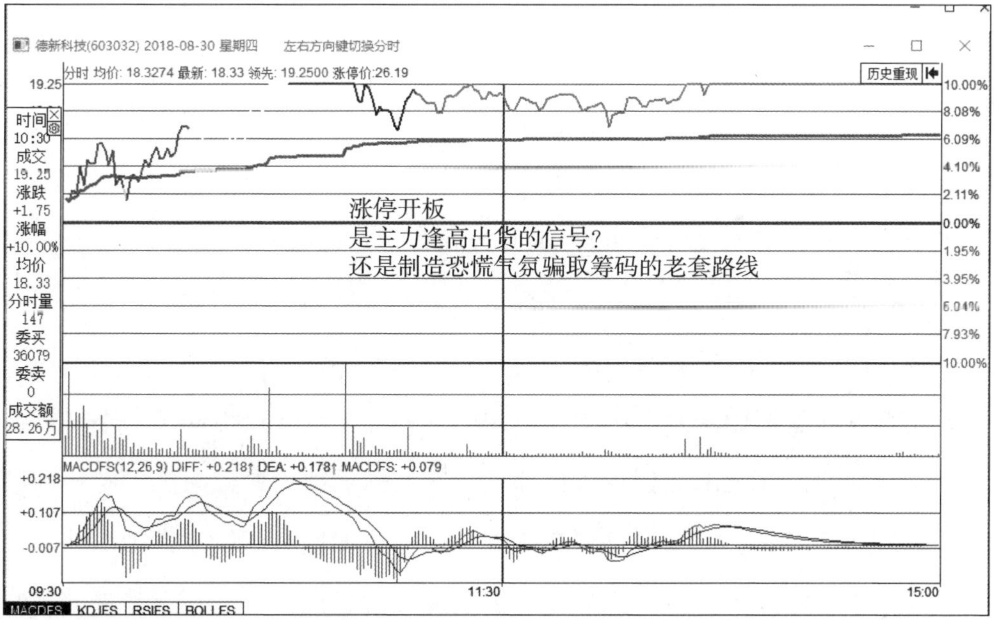

图 5-9　德新科技（603032）2018 年 8 月 30 日分时走势图

为了解答这些疑问，下面看一下 8 月 30 日该股的龙虎榜数据，如图 5-10 所示。

德新交运龙虎榜数据
2018-08-30
日期：2018-08-30 总成交金额：56009.00万元，总成交量：3009.39万股

排序	营业部名称	买入金额/万	占总成交比例	卖出金额/万	占总成交比例	净额/万
买入金额最大的前5名	买入总计 4573.68 万元，占总成交比例 8.17%					
1	中国银河证券股份有限公司重庆民族路证券营业部	1691.27	3.02%	0.00	0.00%	1691.27
2	国盛证券有限责任公司宁波桑田路证券营业部	1015.82	1.81%	0.00	0.00%	1015.82
3	西藏东方财富证券股份有限公司拉萨团结路第二证券营业部	702.27	1.25%	0.00	0.00%	702.27
4	财富证券有限责任公司杭州庆春路证券营业部	653.30	1.17%	0.00	0.00%	653.30
5	平安证券股份有限公司银川凤凰北街证券营业部	511.02	0.91%	0.00	0.00%	511.02
卖出金额最大的前5名	卖出总计 6329.35 万元，占总成交比例 11.30%					
1	国元证券股份有限公司重庆观音桥步行街证券营业部	0.00	0.00%	2305.12	4.12%	-2305.12
2	万和证券股份有限公司成都通盈街证券营业部	0.00	0.00%	1127.62	2.01%	-1127.62
3	中泰证券股份有限公司深圳欢乐海岸证券营业部	0.00	0.00%	1125.00	2.01%	-1125.00
4	中信建投证券股份有限公司宜昌市解放路证券营业部	0.00	0.00%	1057.61	1.89%	-1057.61
5	财富证券有限责任公司杭州庆春路证券营业部	0.00	0.00%	714.01	1.27%	-714.01

买卖净差：-1755.66万元

图 5-10　德新科技（603032）2018 年 8 月 30 日龙虎榜数据

数据显示，2018 年 8 月 30 日当天成交中，买入的前五大营业部总成交额只有 4500 万元，卖出方包括著名游资深圳欢乐海岸证券营业部在内的前五大主力，营业部总成交额为 6300 万元。也就是说，交易所统计的大单账户，在该股当天的买方力量仅仅只有 4500 万元，卖方力量却高达 6300 万元，买卖净差额达到 -1700 多万元。很多投资者肯定有疑问，明明卖方力量比买方力量强，为什么该股还能涨停呢？

股价涨停是市场合力作用的结果，控盘主力在其中只扮演了一个分力的角色。一只股票在上涨过程中，主力资金并不需要或者说没有能力吃掉市场上抛出的所有筹码，主力只需要在关键位置，比如集合竞价、盘中跌破分时均线、冲击涨停关键价位，以少量资金承接抛盘。把股价的运行趋势做得好看一些，把股价上涨的赚钱效应制造出来即可。一旦市场认为个股盘中走势非常强势，有大量买盘追涨，多方依旧存在强烈的进攻欲望，那么根据心理学中的羊群效应理论，就能带动市场其他资金跟风追涨。正是主力资金和跟风资金共同作用，才产生了这种股价强势上攻的市场结果。

这样就能解释为什么在龙虎榜数据中明明看到买盘力量比卖盘力量弱，但是该股票最后还是涨停了。看到主力如此大的卖出量，因而判断主力肯定是在出货，但如果理解了市场合力和羊群效应理论，这个问题就能迎刃而解。

3. 以合力视角分析股价走势

理解了市场合力的原理，下面再来解释万兴科技（300624）的走势，就显得顺理成章了。

图 5-11 是万兴科技（300624）在 2018 年 3 月 7 日的分时走势图。该股集合竞价高开 7% 后，盘中经过短时间的振荡，股价封上涨停。在整个股价运行过程中，主力资金利用自身的资金优势，在关键位置仅用少量资金抬拉，就可以将股价封上涨停板。

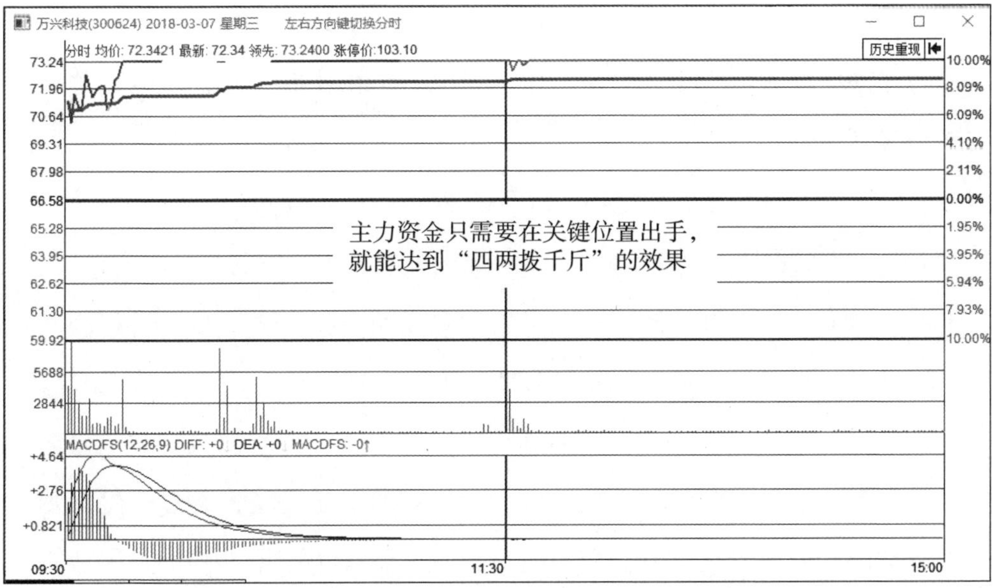

图 5-11　万兴科技（300624）2018 年 3 月 7 日分时走势图

主力在关键位置拉抬股价的目的，是让市场觉得该股有明显冲击涨停的势头和市场赚钱效应。虽然股价上攻过程中曾出现过小幅回落，甚至打开涨停板，但主力资金并不需要承接场内所有的抛盘，只需要以小部分资金将股价重新拉至涨停，使市场持币者和持仓者对股价走势达成一致预期即可。此时，场内外投资者都会产生“持有这只股票可以继续挣钱”的想法，那么场内的抛售压力就会减少，同时场外资金也会踊跃进场接盘，这才有了 2018 年 3 月 7 日及之后的多次涨停。

总之，在拉升股价的过程中，主力不必吃掉市场中的全部抛售筹码，且也不具备这样的绝对实力，主力只需要通过一些技巧，让市场中其他资金认为这只股票以后还会上涨就可以了。

当资金与筹码供求平衡状态被打破，就是股价开始回落的时刻，也是持仓者该离场的时候。

图 5-12 是万兴科技（300624）在 2018 年 3 月 22 日的分时走势图。该股主力在市场开盘后也努力尝试把股价拉高，但由于跟风买盘不足，羊群效应不明显，股价在下午开始快速回落。个股出现这种走势，表明主力已无法维持股价继续上涨，这时就是需要离场的时候。

那么，万兴科技（300624）是如何走出第二波上涨的呢？

既然 2018 年 3 月 22 日该股已经出现离场信号，那么 3 月 23 日及之后，该股又走出一波强势上涨，这波上涨又是如何形成的呢？

3 月 23 日该股低开，说明集合竞价时投资者对该股当日走势并不是很看好。但开盘之后，市场中就出现一股力量，将股价迅速拉升翻红，然后始终将股价维持在分时均线上方。半小时后，又一波强势力量将股价直接拉升至涨停。这个时候，不得不分析主力资金在其中起到了什么作用。

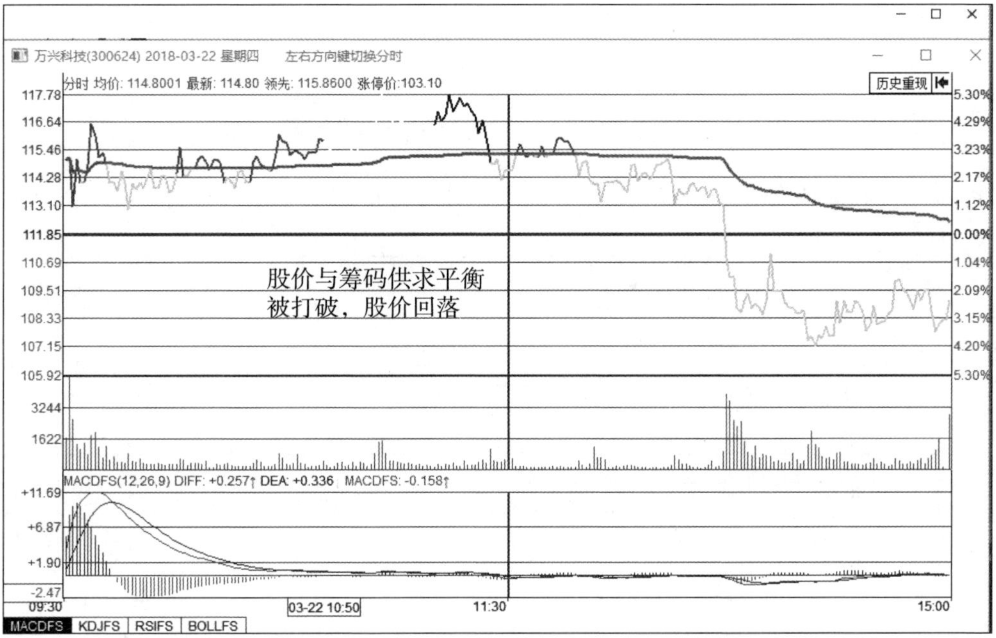

图 5-12　万兴科技（300624）2018 年 3 月 22 日分时走势图

如图 5-13 所示，从万兴科技（300624）2018 年 3 月 23 日的分时图可以看出，涨停之前是放量成交的，涨停之后，成交量减少。该股龙虎榜数据显示，前五位买入营业部成交金额和前五位卖出营业部成交金额差额达到 8600 余万元，说明这一天游资和主力是花了大价钱才把这只股票拉至涨停的。

这个力量很大吗？并非这样。8000 多万元的买卖净额，在当天该股总成交额中连十分之一都不到。该股当天成交额为 12.2 亿元，说明这些资金都是在几个关键位置如开盘拉升、封涨停和开板再封涨停时出手，从而引导了股价走势，把股价从看似平衡被打破的危局中再度逆转，使市场产生明显的赚钱效应，激发场外资金重新燃起对筹码的欲求。

实际上，此前该股的涨幅已经很大了，很多投资者也都把握住了这一波确定性很强的上涨行情。由于前期已经形成了大量获利筹码，所以 3 月 23 日之后的第二波上涨持续时间相对较短。主力资金想通过四两拨千斤的方法引导市场预期，难度明显增加，所以第二波上涨总体涨幅并不大，股价拉升一段空间后就很快触顶向下，此后股价一路走跌。

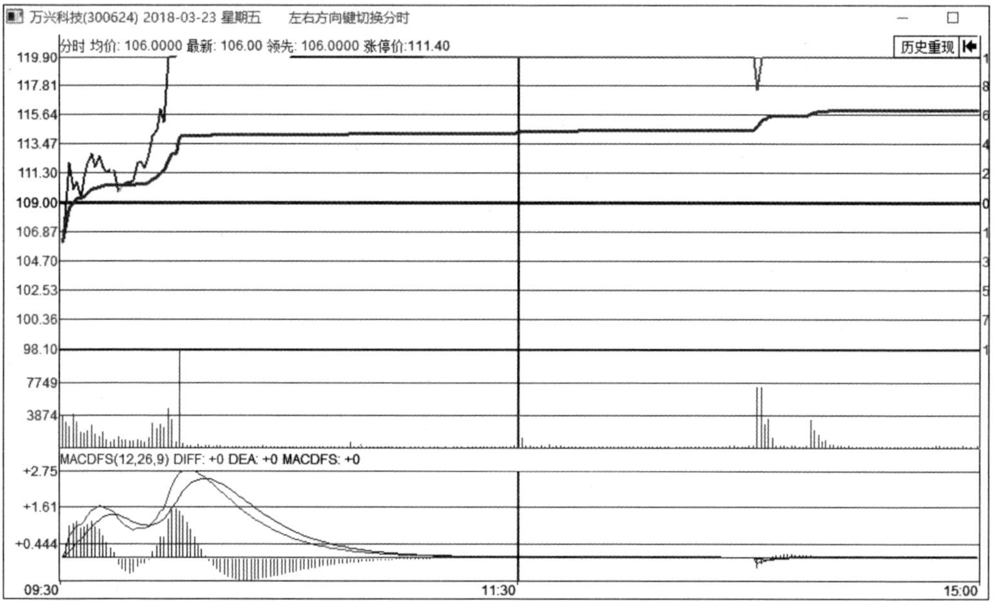

图 5-13　万兴科技（300624）2018 年 3 月 23 日分时图

区分一气呵成式和空中加油式这两种主力惯用的拉升手法，分析股价是不是会走出第二波上涨行情，关键是观察股价回调企稳后，有没有主力大单利用资金优势在关键位置承接市场抛盘，在市场中激发羊群效应，把市场人气再次激活。如果股价很快启动拉升走势，市场人气再次激活，拉升行情很有希望走出第二波。如果主力控盘失败，那么上涨行情就有可能终止，股价转为快速下跌走势。

二、避开四种常见的陷阱与骗局

通过前面的讲解，如何操作强势龙头股已经有了一个全新的认识。但市场中存在许多陷阱，如果对强势龙头股及股价强势涨停在认识上存在偏差，就很容易掉入主力设置的陷阱之中。

这里就市场常见的四种陷阱和骗局做一个详细的讲解，希望能够提高投资者短线操作强势龙头股的成功率。

1. 学会鉴别早盘大单

分析资金与筹码的供需关系，是操作强势龙头股的核心一环，这一点前面已经反复强调过。这里要纠正大家对主力大单的一些错误认识，以便正确判断主力资金是否具有上攻意愿。

如果主力资金对筹码有很强烈的需求，并在盘面上通过大单抢筹，此时做出买入操作，成功率就会显著提高。当然，这并不代表看到盘中有大单成交就可以杀入，不然有可能掉入主力设置的诱多陷阱，给自己的操盘资金带来损失。

（1）判断主力大单要考虑整个流通盘的大小。

图 5-14 是中国联通（600050）的 K 线走势图。对中国联通这样流通市值在一两千亿元的大盘股来说，股票市值大，流通盘也大，主力拉涨停需要的资金量也十分巨大。大盘股拉涨停就像是大象起舞，所以快速拉升时成交额和成交手数都是十分巨大的。在观察大单成交的时候，一定要考虑市值和流动盘因素，不能一看到千手以上的成交，就认为是大单成交，认为主力在大力拉升股价。

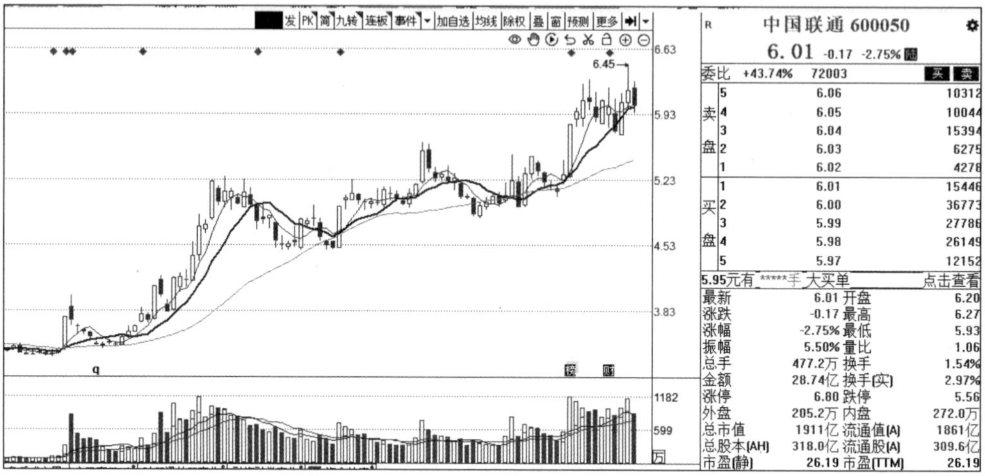

图 5-14 中国联通（600050）K 线走势图

（2）判断大单进攻欲望是不是有利于股价的拉升。

炒作强势龙头股的关键，是把握资金与筹码供需的内在平衡关系，原则上来说，资金对筹码获取欲望越强越好。观察大单动向，是判断多空平衡的方法之一，属于必要条件。其实有时候大单成交并不明显，强势龙头股也能走出很好的上涨走势，所以投资者不应看到大买单成交就盲目杀入，还要考虑对手盘和换手率等问题。

2. 缩量涨停板隐藏的风险

如图 5-15 所示，永和智控（002795）在 2022 年 11 月 25 日走出了 T 字涨停板。但 11 月 28 日开盘高开后，该股股价并没有顺势上涨，反而直接下砸，这也就意味着所有在 11 月 25 日追高买入的投资者统统被套。

为什么涨停第二天股价走势会出现如此大的反差呢？这是因为没有考虑对手盘和换手率的问题。

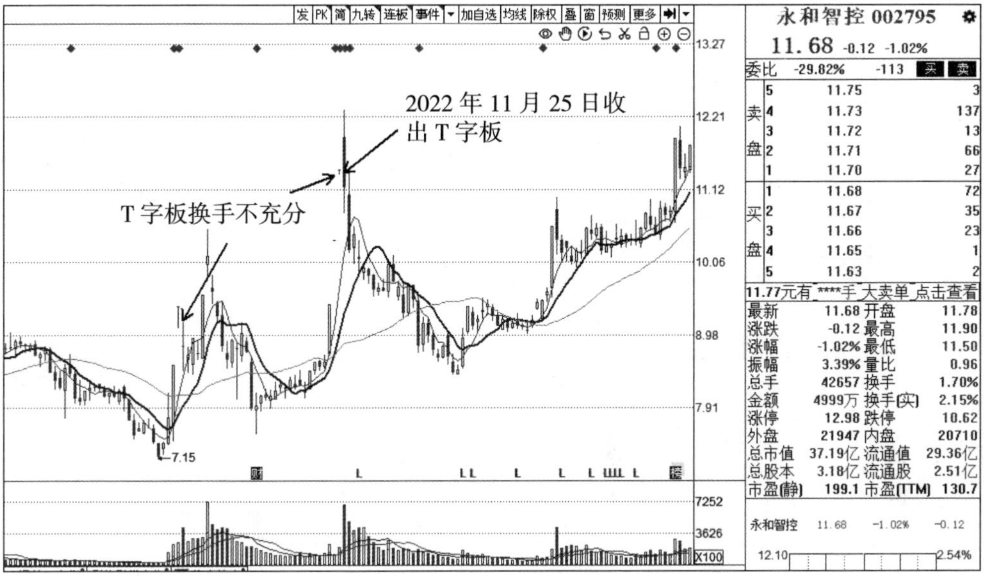

图 5-15　永和智控（002795）K 线走势图

之前讲过对手盘和获利筹码的概念，从图 5-15 中可以清晰地看到，11 月 25 日的 T 字涨停板突破了前期高点。前期高点位置聚集了大量套牢盘，一旦 T 字板后第二天股价高开，就意味着很多投资者会解套出逃。

另外一个重要因素是，T 字板前该股已经收出一个一字涨停板，因为股价连续涨停，盘中成交量通常都极低，所以这两日盘中没有办法通过成交量和换手率判断后市有多少浮动筹码愿意抛出。11 月 28 日周一开盘高开后，因盘中股价走势较弱，导致前期上涨积累的获利盘和前高位置的解套盘蜂拥而出，将股价打压了下来。

实战中，经常能见到股票连续收出一字涨停板的情况，比如某只个股受重大利好消息刺激，这个超预期利好足以支撑主力资金溢价抢筹意愿，并令持仓者产生严重的惜售心理，甚至即便解套了也不愿意卖出，这就会使股价连续走出一字涨停的走势。这种较为极端的情况，市场中偶尔也会出现，例如当年的雄安概念股和“借壳”上市的三六零（601360），都出现了这种连续一字涨停的走势。

图 5-16 是三六零（601360）的 K 线走势图。三六零是“借壳”重组个股，消息发布后，该股股价犹如打了鸡血，一路一字板拉升，短期内股价涨了差不多 10 倍。

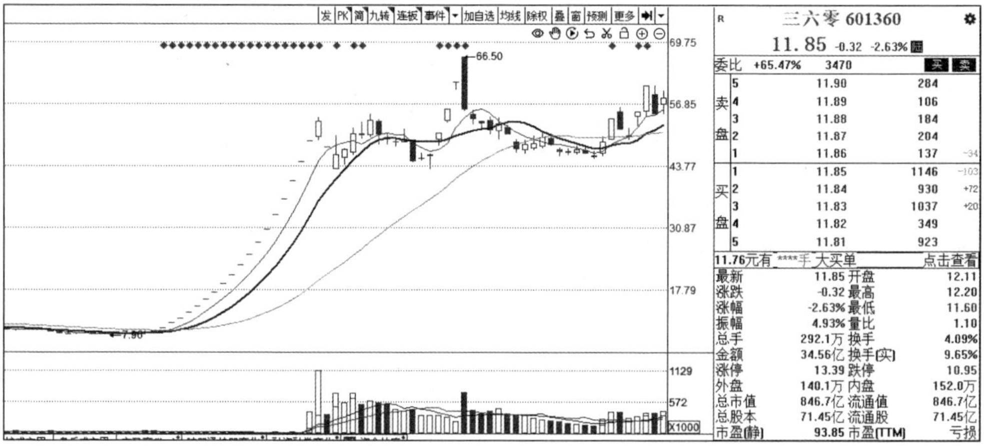

图 5-16　三六零（601360）K 线走势图

3. 规避有利空消息的涨停板

实战操作中，要尽量规避有利空消息的涨停板，以乐视网为例。

乐视网是非常典型的受利空消息影响的一只股票，由于该上市公司业务转型失败，实控人欠下规模巨大的债务，因此股价始终处于不利炒作的环境中。

实际上，乐视网（300104）早在 2017 年就被市场管理层关注。2018 年至 2019 年期间，乐视网官网多次发布暂停上市的公告，其股价一旦出现异常波动，监管层会随时对其进行问询，股票有随时停牌、摘牌的风险。停牌对于交易者来说属于不可控因素，这是无法从技术分析和交易战法中预判的。

图 5-17 是乐视退（300104）的 K 线走势图。2020 年 7 月之前，该股股价一直处在下跌区间。2020 年 7 月，该股出现超跌反弹，股价由差不多 2 元涨到 4 元，短期内股价翻倍。很多短线投资者很喜欢操作这种活跃股，并不关注股票现阶段所处的不利境地，等到乐视网真正退市时，股价不足 0.20 元，很多投资者被套在其中。

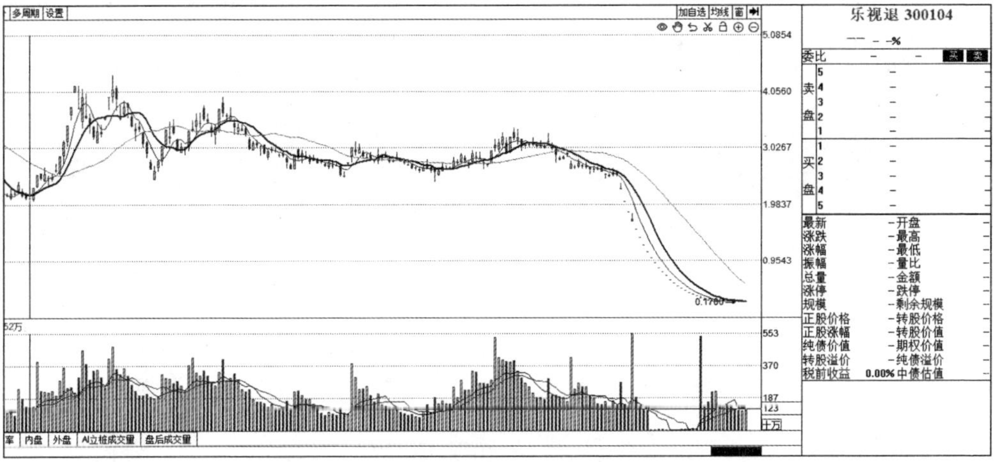

图 5-17　乐视退（300104）K 线走势图

实战中，要做价值的发现者与追随着，尽量操作业绩优良的公司股票，连续两年亏损的个股，不建议投资者介入。即便这些股票处于股价低位，出现涨停甚至连板时也尽量不要参与。不碰亏损股、问题股的原因，是它们随时有可能摘牌退市。

投资者买入个股被套牢后，只要公司基本面没有太大问题，即便被套也算不上太大风险，摘牌退市才是投资者面对的最大风险！

4. 远离 *ST、ST 股票

这一点和不碰受利空消息困扰的涨停板在逻辑上是一样的，*ST、ST 股票随时都有摘牌退市的可能，一旦股票摘牌退市，投资者可能会遭受重大损失。

如图 5-18 所示，*ST 新海（002089）是连续几年亏损的个股，投资者操作这类个股是相当危险的。该股退市前，理论上风险已经达到了极致，但居然还有资金将这样的股票拉至涨停。

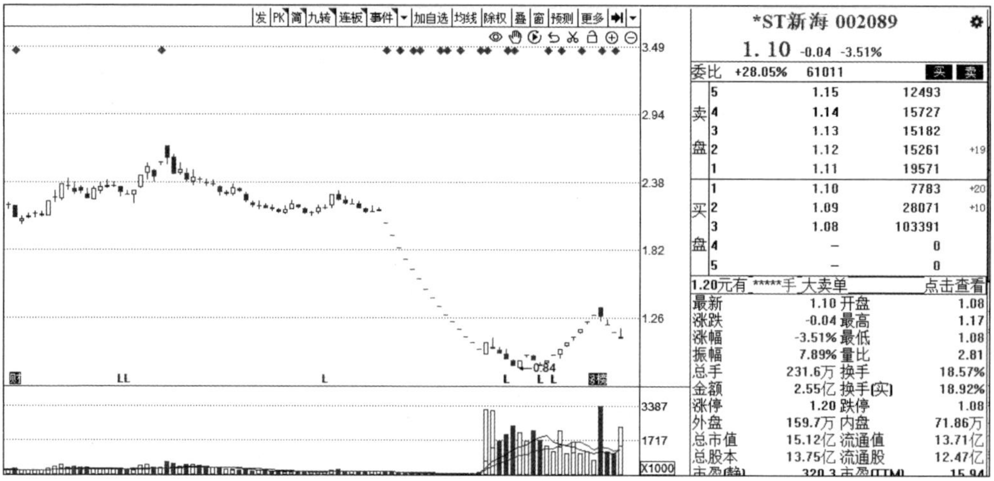

图 5-18　*ST 新海（002089）K 线走势图

2023 年 2 月 15 日 *ST 新海股价涨停，当日成交金额近 3 亿元。盘后通过龙虎榜和成交明细可以看出，追涨买入的买盘基本都是中小散户。该股当时随时有可能停牌直至退市，一旦股票摘牌退市，这些买入的资金如何才能解套？出现这种情况，只能说对风险的认知不够。

也许有投资者会问，同样是 *ST、ST 股票，为什么 ST 熊猫（600599）涨得那么好？如图 5-19 所示。

做短线，做强势龙头股，虽然不必太在意短期指数的变化，但这并不代表可以两耳不闻窗外事。ST 熊猫（600599）虽然被加了“ST”，但从其业绩和消息面判断，基本可以确认它会“摘帽”。对 ST 股票来说，“摘帽”就是最大的利好，一旦 ST 的退市等利空消失，股票自然会重新受到资金的追捧，这一点一定要区别对待。

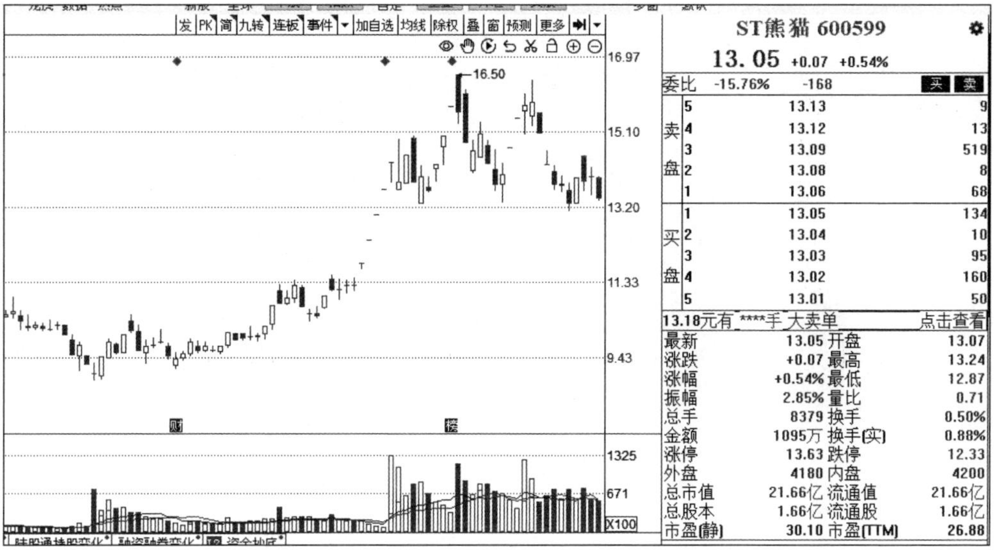

图 5-19 ST 熊猫（600599）K 线走势图